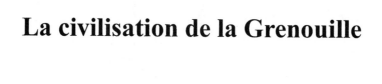

# La civilisation de la Grenouille

Mylène Emma Voland

La civilisation de la Grenouille
*Essai*

LE LYS BLEU
ÉDITIONS

## Pour toutes les petites grenouilles

À l'image même de l'évolution, la grenouille ne se contente pas de l'eau qui l'a vue naître têtard, mais se permet de partir à la conquête des terres alentour. Elle sait faire preuve d'une adaptabilité à toute épreuve et passera sa vie dans tous les milieux de ce monde : elle nagera dans l'eau, marchera sur la terre et bondira dans les airs. Petit animal bizarre, hors-norme, craintif, évolutif, attachant, original... la grenouille laisse rarement indifférent.

Ce livre est écrit par une grenouille pour toutes les autres petites grenouilles de France et d'ailleurs. Parce que oui, je suis un peu comme une grenouille. Je suis un être qui a, malgré son jeune âge, dû s'adapter à différents milieux, côtoyer différents personnages. J'ai pour ainsi dire vécu plusieurs vies. Tantôt adaptée, tantôt pas, tantôt appréciée, tantôt pas. Souvent cachée dans mes hautes herbes, je me suis si souvent adaptée que j'en ai parfois oublié qui j'étais. Je séduis, j'intrigue ou je repousse, mais je laisse rarement indifférent.

Voici le recueil de mes pensées, de mes savoirs, de ma vision. Voici ce que j'ai retenu principalement de mes 27 années d'existence.

J'espère tout simplement, par cet ouvrage, partager ma vision de grenouille. Qu'elle puisse être transmise, discutée, améliorée, partagée et embellie. Qu'elle sensibilise, aide, réconforte, motive et réunisse.

Et peut-être qu'un jour elle nous rassemblera.

# Avant-propos

Au départ de ce livre, un autre livre.

Celui, plus privé, destiné à mon éventuel futur enfant.

Démarré en 2019, ce livre avait pour but de me réconcilier avec le rôle de mère, de calmer mes angoisses. Durant plus d'une année, j'ai lu, écouté, analysé, regardé tous les aspects de la vie afin d'en tirer un apprentissage à retranscrire. Durant presque 2 ans, j'ai cherché à collecter un maximum d'informations sur ma vie, sur la vie et sur celles d'autrui. J'ai écrit sur tous les thèmes qu'il me semblait intéressant de traiter. Mon but, simple, était de regrouper tout ce qui pourrait servir à mon enfant plus tard. Tout ce qui était susceptible de l'informer, le grandir, le prévenir, le soutenir... je le notais. Pour qu'il puisse, même loin ou sans moi, se débrouiller dans les aléas de sa vie.

Puis un jour, je me suis rendu compte que beaucoup de ces thèmes étaient inconnus des adultes, même des plus âgés. Qu'on ne prend pas le temps de se pencher sur ces sujets. Que la plupart d'entre nous vivent sans jamais se poser ces questions.

Alors au lieu de n'aider que mon propre enfant, j'ai décidé d'ouvrir l'accès à ce livre.

Bien sûr subsiste celui dédié à mon futur enfant avec des thèmes non abordés ici, car trop personnels. Celui-ci est le vôtre. Bien loin de prétendre vous apprendre la vie, je vous offre ici le savoir mince d'une jeune fille de 27 ans (savoir qui a tout de même permis de belles évolutions, de belles rencontres et le dépassement d'épreuves douloureuses). Je connais l'importance de ce savoir, car j'ai pu rencontrer des personnes de tout âge franchissant les mêmes obstacles que moi.

Ce savoir ne s'apprenant pas à l'école, je pose cela ici, préparé pour vous.

Prenez ce qui est bon pour vous et partagez-le avec votre entourage. Laissez le reste.

Laissez ce livre où vous l'avez trouvé ou prenez-le avec vous.

Gardez-le, faites des notes, surlignez-le ou bien gardez-le intact et prêtez-le à votre entourage.

Parlez-en autour de vous en bien ou en mal, ou bien n'en parlez pas. Libre à vous.

Je prends ce que l'avenir offrira à ce livre comme une expérience sociologique. Tout résultat sera une bonne chose, quel qu'il soit.

Avec tout mon amour et ma bienveillance, La Grenouille.

# Dans mon monde de petites grenouilles

Dans mon monde de petites grenouilles, les grenouilles dominent le monde. Non pas par la domination ou la violence, mais par l'exemple. Dans mon monde, les grenouilles montrent le chemin de l'évolution. Elles incarnent cette volonté d'un monde meilleur.

En se montrant moins bornées que leurs voisins les poissons, elles prouvent par leur comportement qu'il est possible de voir en dehors de l'eau. Qu'il est possible d'aller au-delà de l'ordre établi.

Elles donnent envie aux autres animaux de la mare d'en faire autant.

Après tout, si les grenouilles s'adaptent mieux à l'environnement, vivent mieux dans leur corps et s'entendent parfaitement avec tout le monde, pourquoi ne voudrait-on pas leur ressembler ?

À l'image des influenceurs sur les réseaux, devenons les influenceurs de la vraie vie.

Devenons ce voisin qu'on adore croiser, ce collègue bienveillant, cet ami compatissant, cet amour aidant, cet automobiliste poli, ce client sympa, cet inconnu souriant, ce parent soutenant...

Soyons celui qui considère l'autre, qui soutient, et qui partage.

Connaissons-nous, acceptons-nous et affirmons-nous, dans nos forces et nos faiblesses.

Montrons qu'il est possible d'être bienveillant sans être faible, de s'accepter sans être parfait, de communiquer sans violence, d'être maître de soi sans s'éteindre.

Unissons-nous, rassemblons nos forces, nos biens, nos savoirs, nos réseaux.

Bâtissons le monde qui nous ressemble, à notre échelle de petites grenouilles, et qui sait... peut-être serons-nous nombreux.

# Les émotions

Il y en a 4 :
– La colère ;
– La peur ;
– La tristesse ;
– La joie.

**La colère** est un signal de ton cerveau qui indique qu'une ou plusieurs de tes valeurs ne sont pas respectées et qu'il est temps de réagir. Elle dure quelques secondes, **le fait que tu gueules pendant 5 minutes est de l'ordre du sentiment (sentiment = temps que tu accordes à ton émotion).**

**La tristesse** t'indique que quelque chose prend fin, tu en prends conscience. Cela peut être un espoir, une situation, une relation, une étape, etc. **Elle t'invite à un renouveau, au changement.**

**La peur** t'indique ce qui pourrait arriver si tu ne fais rien. Seuls 8 % des peurs sont fondées sur une menace concrète. **Dans 92 % des cas, tu flippes pour un truc qui n'arrivera pas** : Non l'araignée n'allait pas te faire mal, non le camion ne t'a pas percuté, non ce n'est pas un kidnappeur qui rentre chez toi, etc., etc. La peur te pousse à faire un truc pour éviter une situation terrifiante : faire un écart sur la route pour esquiver un camion ou tuer une araignée pour éviter de finir comme Spider-Man. Qu'elle soit réelle ou non, la peur opère de la même manière, **c'est pourquoi il est important de connaître ses peurs et de les raisonner.**

Toutes les émotions ont pour but de te faire réagir. **C'est un signal de ton cerveau.** Et la capacité d'un être humain à connaître et reconnaître ce langage du cerveau s'appelle l'intelligence émotionnelle. **Elle permet de se connaître, de se maintenir plus facilement dans une émotion de joie.** Elle joue également un rôle dans la compréhension de l'autre et donc, dans la communication positive.

La joie est la seule de tes émotions que le cerveau essaie en permanence de reproduire. À l'inverse, une « mauvaise » émotion influe négativement sur le corps et la santé.

**La colère libère du cortisol** qui abîme tes neurones. Et le cortisol met du temps à être évacué par le corps. Donc plus tu t'énerves, plus tu produis du cortisol, plus tu abîmes tes neurones, plus ton corps a du mal à l'évacuer, plus ta colère s'installe...

**La tristesse, elle, te rend plus vulnérable** à ton environnement.

**Et la peur te met dans des états d'appréhension** qui peuvent induire des symptômes (stress chronique, anxiété, hypertension...)

**La joie en revanche te maintient en bonne santé, permet un meilleur rétablissement, une meilleure immunité. Il est donc important d'y consacrer tout son temps.**

---

Quelle est ton émotion de base, celle qui est présente à longueur de journée ? La joie, la tristesse, la colère, ou la peur ? Combien de temps durent tes changements d'humeurs ? Que mets-tu déjà en place pour maintenir ta joie ?

---

La pensée de La Grenouille :
Plus tu recherches les origines « réelles » de tes changements d'humeurs, plus il est facile de maintenir ta joie !
(Ex. : manque de confiance en soi, manque de limites, trop perfectionniste...)

# Les ombres

**Ça fait partie des trucs qui te mettent souvent en colère (te rendent parfois triste) sans que tu comprennes toujours pourquoi...**

Tes ombres regroupent tout ce que tu ne t'autorises pas à être ni à faire. Lorsque quelqu'un ose faire ou incarner ce que tu t'interdis, ça t'irrite, voire te rend hystérique.

Connaître ses ombres permet de comprendre son agacement, car il est souvent déclenché quand quelqu'un nous renvoie à nos ombres.

**Exemple :** M. X voit et entend quelqu'un critiquer une personne et ça l'énerve. « Comment peut-on se permettre de rabaisser comme ça une personne en public ! » se dit-il.

Pourtant M. X n'a aucune idée du pourquoi de cette situation. Il ignore ce qui a déclenché ces propos et si cela est mérité ou non. Pourtant ça l'agace et il est à deux doigts d'aller s'interposer.

**M. X vient de se retrouver confronté à son ombre.** M. X est probablement quelqu'un de bienveillant qui accorde de l'importance au choix de ses mots, qui s'efforce d'être toujours valorisant. Il s'interdit donc d'une certaine manière d'être rabaissant. C'est pourquoi la situation l'a fait réagir : l'autre a fait ce que lui s'interdit de faire, car il juge cela comme mauvais.

Et cela s'applique à beaucoup de choses : comportement, statut social, capital financier, possession de biens...

Autres exemples : Une personne extravertie qui rigole fort peut agacer quelqu'un qui estime que le respect impose d'être modéré et discret. On peut s'énerver ou jalouser une personne parce qu'elle exhibe ses fringues comme une reine de la mode, tout ça parce que nous trouvons cela vulgaire, exagéré et que nous n'oserions pas le faire.

**Les ombres sont souvent l'inverse de nos valeurs :**
QUAND ON EST valorisant/bienveillant souvent
ON DÉTESTE les propos rabaissant
QUAND ON EST discret/calme/introverti souvent
ON DÉTESTE les grandes gueules extraverties
QUAND ON EST humble souvent
ON DÉTESTE les gens hyper sûrs d'eux
QUAND ON AIME le silence/ le calme souvent
ON DÉTESTE les bruyants hyperactifs
QUAND ON AIME la politesse souvent
ON DÉSTESTE l'impolitesse/le manque de respect
Etc., etc.

Maintenant que tu sais ça, tu risques d'être surpris du regard que tu vas avoir sur certaines situations et sur certaines personnes. **Et surtout, tu as une clé de plus pour ne pas entacher ta joie.**

Et toi, quelles sont tes ombres ? Quelles sont tes justifications ? Est-ce qu'à chaque fois que tu réagis, ta vie était réellement atteinte ? Ou bien y aurait-il là une ombre à travailler pour t'éviter des colères inutiles ?

La pensée de La Grenouille :
Prends un moment pour noter tout ce que tu considères comme une ombre.
Écris en parallèle la qualité/valeur concernée à laquelle tu tiens.
Pose-toi un instant et questionne-toi sur l'importance que tu accordes à cette qualité, son origine et sa pertinence.
Si tu souhaites approfondir, trouve un contre-exemple, une situation où « ton ombre » (= ce que tu ne supportes pas) peut être utile ou intéressant.

# Ta vérité, ma vérité, sa vérité, leur vérité

Je ne souhaite pas te faire un cours de psychologie, mais je tiens juste à raisonner autour de notre cerveau dans un contexte de développement personnel qui pourrait bien t'ouvrir des portes. Je ne sais pas si je le ferai toute ma vie, mais, à ce jour, cela fait bien 5 ans que je lis plein de livres de « développement personnel » et voilà une des choses qui m'ont bien servie que je tiens à partager avec toi.

Le cerveau a une mission, parmi tant d'autres, à laquelle il s'exerce à longueur de journée : **la vraisemblance.** Faire en sorte que ce que tu penses, bah ça soit « vrai ». Et comme il est capable de traiter environ 2 000 bits/seconde de pensées conscientes et 400 000 000 000 bits/seconde de pensées inconscientes, il a matière à piocher là-dedans tout ce que tu veux !

Ton cerveau s'appuie donc sur tes pensées conscientes (ce que tu penses de toi, de ta place dans la société, du sens de la vie, de tes capacités, de tes envies, de ta vision du monde...) pour **capter dans ton environnement ce qui correspond à tout ça.**

**Exemple** : Martin1 et Martin2 sont exactement la même personne.

Martin 1 pense que la vie c'est de la merde, que de toute façon on ne l'aime pas, qu'il ne lui arrive jamais rien de bien et que notre pays va mal, de toute façon on va tous mourir.

Martin 2 pense que la vie c'est chouette, il croit en la bonté humaine, il n'a rien de dingue dans sa vie, mais se contente avec joie de ce qu'il a et savoure le fait de vivre en France et non au Cameroun.

Martin 1 va voir aux informations l'avis de grève et le bordel que ça met à Paris pour les transports, il râle. Le midi à la cantine il va comme d'habitude à la table isolée dans le coin de la salle, vu que personne ne l'a jamais invité à manger avec lui, et peste contre le fait que cette table est sale et que personne ne respecte rien ni personne dans cette entreprise de merde. Il rentre chez lui et reçoit un papier de la CAF mentionnant qu'il ne touchera pas ses aides ce mois-ci parce qu'il manque un papier et qu'il doit régulariser cette situation pour retrouver son aide financière. Il se couche donc aigri, en colère contre ce système et sa journée pourrie.

Martin 2 zappe sur la grève des métros parisiens, car il ne se sent pas concerné, il a une petite pensée pour ces pauvres Parisiens et met un programme joli qui le passionne. Le midi, voyant la table libre, mais sale en bout de pièce, il inspecte les autres tables et voit deux chaises vides. Il demande poliment aux gens autour s'il peut prendre cette place. On lui sourit et l'invite à manger, il échange même quelques banalités avec Gisèle de la compta. En rentrant, il découvre le courrier de la CAF et se rappelle son oubli ! Heureusement que ce courrier vient d'arriver, il avait complètement oublié de s'actualiser ! Il s'empresse de régulariser sa situation et se satisfait de cette aide financière que beaucoup d'autres personnes à travers le monde rêveraient de percevoir. Il se couche satisfait de sa journée, un léger sourire aux lèvres.

Martin1 et Martin2 ont vécu la même journée, mais avec des pensées différentes. Résultat, leur cerveau les a poussés à faire des choses différentes produisant des résultats différents. Dans l'un des cas, sa vie est effectivement pourrie, dans l'autre ça va. Dans l'un il reste seul, dans l'autre il y a des interactions sociales.

**Bien que j'espère que tu ne penses pas comme Martin1, deux questions se posent :**

– T'arrive-t-il d'avoir des pensées négatives ou limitantes[1] ?

– Tes pensées te permettent-elles toutes d'optimiser ta vision du monde et de toi-même ?

Donc il devient évident que oui, comme tout le monde, tu as des pensées négatives qui te limitent dans ta capacité à voir, faire, dire, ressentir, oser...

Il est important de faire le point de temps en temps sur ces pensées négatives, limitantes. Car, même si certaines sont là pour t'éviter de te prendre pour un super héros et mettre ta vie en danger, il est possible aussi que d'autres t'empêchent de faire des trucs chouettes.

Les questions à te poser sont (à mon sens) :

– Quelles sont mes pensées négatives, limitantes ? Et toutes les lister.

– Pourquoi je pense cela ? Est-ce véritablement vrai ? Suis-je uniquement responsable de ces pensées ? Chercher la véritable raison et la source de cette pensée.

– Dois-je la garder ? M'est-elle utile ? Me met-elle en garde face à un vrai danger ?

Si la réponse est non, hop on la dégage et on se construit une pensée différente positive.

Si oui, elle a son utilité, alors on la modifie en acceptant le contexte négatif actuel, mais en précisant que cela pourrait devenir possible.

**Exemple :** « Je ne pourrai jamais m'acheter une maison »

C'est faux, tu n'en sais rien. L'important dans cette phrase, c'est que tu veux une maison. Alors on se rectifie et on pense « un jour, je serai propriétaire ». Ce qui représentait un blocage avant représente maintenant un objectif. Implicitement, on comprend bien que ce n'est pas pour aujourd'hui, que tu n'en as pas les capacités actuellement,

---

[1] J'entends par pensée négative tout ce qui n'est pas positif et par limitantes celles qui justifient le fait de ne pas faire ou de ne pas être quelque chose.

18

mais explicitement tu indiques une volonté, un but, et tu envisages que oui, cet objectif sera atteint.

Une fois que tu auras traité toutes tes pensées négatives/limitantes, que tu les auras modifiées, applique-toi à ne penser qu'avec ces modifications positives et à te ressaisir dès que tu te remets à te limiter.

Passés 21 jours, tu te sentiras plus léger(e), plus fort(e), plus joyeux(se). Et cela deviendra un automatisme.

---

T'es-tu déjà demandé comment certaines personnes semblent vivre dans un autre monde que le tien ? Qu'est-ce qu'il peut bien y avoir dans le leur qui diffère tant du tien ? Comment verrais-tu la vie à leur place ? Ce monde est-il si différent du tien finalement ? Ou bien est-ce une question de vision ?

---

La pensée de La Grenouille :
Tu veux voir la vie de manière positive et joyeuse ?
Entoure-toi de personnes positives et joyeuses !
Plus ton entourage correspondra à ta vision, plus ce sera simple
d'exploiter la tienne.

# L'importance de l'estime de soi et de la bienveillance

Pour oser penser positif, oser penser qu'on mérite tout ce qu'on veut, oser affirmer ses choix, oser penser que l'on est capable de plein de choses, **il faut avoir une bonne estime de soi.** Sans estime de soi, il est compliqué de se sentir légitime de demander quelque chose.

Ton estime de toi repose sur plusieurs critères :

– **Le respect** : de tes valeurs et de tes besoins.

– **L'image** : comment tu te parles, tu te juges, tu te regardes.

– **La confiance** : ce dont tu te sens capable, la liberté que tu te donnes.

Pour avoir une bonne estime de toi, il faut donc :

– **Que tu respectes tes valeurs et tes besoins ;**

– **Que tu te parles avec bienveillance, que tu te respectes et te valorises ;**

– **Te laisser la liberté de faire ce dont tu te sens capable.**

**Il faut donc, pour que cela soit facile et naturel, être en adéquation avec ce que tu es et ce que tu veux être.**

Si tu te fixes des objectifs complexes, flous et qui vont à l'encontre de tes valeurs, tu auras du mal à te valoriser, car la distance entre toi et celle que tu veux être sera trop grande. **L'estime que tu as de toi représente pour ton cerveau la distance entre celle que tu veux être et celle que tu es.** Plus tu te rapproches de tes objectifs, plus tu auras de facilité à être bienveillante avec toi. À l'inverse si tu es trop exigeante envers toi-même, tu vas te dévaloriser, ne voyant que le fossé entre ce que tu aimerais être et faire et ce que tu es à l'instant même. Il est donc important, pour faciliter une bonne estime de toi, de vouloir être quelqu'un qui soit en adéquation avec tes valeurs actuelles et tes moyens. **L'estime est donc quelque chose de modulable.** Il vaut mieux élever petit à petit dans son niveau d'exigence qu'être trop gourmand tout de suite.

### Petit test
– Écris les valeurs et les besoins que tu respectes quotidiennement. Tu peux t'en féliciter non ? Fais-le.

– Écris 1 qualité mentale, 1 physique, 1 truc accompli qui te rend fière et félicite-toi

– Écris 1 chose que tu sais être capable de faire, dont tu es fière.

**Voilà ! Tu viens de trouver de bonnes raisons de**

– Continuer de respecter tes valeurs et tes besoins ;

– Te parler avec bienveillance, te respecter et te valoriser ;

– Te laisser la liberté de faire ce dont tu te sens capable.

Et si tu sors un peu de ta zone de confort, tu peux trouver plein d'exemples et de raisons pour te parler, te juger, te regarder avec bienveillance et te faire confiance ! Tu peux même en trouver chaque jour. Cela augmente ton estime de toi et confirme que tu es sur le bon chemin. Quoi de plus motivant ?

---

Respectes-tu tes valeurs dans ton comportement de tous les jours ? Comment te parles-tu en général ? Sur quoi as-tu confiance en toi ? T'aimes-tu ? Pourquoi ?
Serais-tu capable de te traiter comme un meilleur ami ? Pourquoi ?

---

La pensée (un peu bateau, mais tellement vrai) de La Grenouille :
Sois toi-même !
Ne copie pas, ne mens pas, n'extrapole pas.
Connais tes valeurs, ta valeur et incarne-les.

# L'hydratation

L'hydratation est très importante. 60 % de la masse corporelle d'un adulte est composée d'eau.

Ton corps ne sait pas stocker l'eau, c'est pour cela que tu dois compenser tes dépenses hydriques par ton alimentation et ta boisson. Chaque jour, **tu évacues 1 litre et demi à 2 litres** d'eau en moyenne. Bien entendu, cela varie (en fonction de ton activité physique, de ton alimentation et de la température extérieure par exemple).

Tu dois donc boire un minimum de 8 verres dans ta journée et de façon espacée. Boire 8 verres rapidement parce que tu as oublié de boire dans la journée surchargerait ton organisme qui finirait par l'évacuer. Cela peut également occasionner des maux de tête, des vertiges ou des vomissements.

Si tu as déjà ressenti la sensation de soif, c'est que **tu as déjà été déshydraté** : la sensation de soif apparaît lorsque certains récepteurs nerveux situés au niveau de l'hypothalamus sont alertés par une trop forte concentration du sang. La déshydratation est tout simplement un déséquilibre entre ta perte en eau et ton apport hydrique. Une déshydratation peut causer une bouche sèche, de l'irritabilité, des maux de tête.

Afin de préserver ton organisme, maintenir une bonne activité mentale et physique, pense surtout à boire.

À noter : si ton urine est foncée, cela peut indiquer un manque d'hydratation. Ton urine est censée être légèrement colorée. Plus elle va être jaune, plus cela indique un manque d'hydratation ou un excès de sucre (ces observations ne sauraient se substituer à un avis médical).

Pour un organisme sain, comme pour tes selles, **observe ton urine** et essaie de te rapprocher de l'idéal en adaptant ton hygiène de vie.

À quelle fréquence bois-tu dans la journée ? Quelle est la quantité que tu bois chaque jour ? Est-elle stable au fil des jours ? Accordes-tu de l'importance à ton hydratation ? Pourquoi ? Quel est l'aspect de tes urines en général ?

La pensée de La Grenouille :
Prépare-toi le matin la quantité à boire dans la journée.
Prends une bouteille/thermos (réutilisable) avec la quantité souhaitée ou divise cette quantité (chez toi, dans ton sac, des verres à table...)
L'équivalent de 8 verres, tu n'as pas oublié ?

# Les amis

Près de 148 études ont été menées aboutissant à cette conclusion : les amis allongent la vie !

Au même titre qu'une relation amoureuse épanouie et solide, les bons liens sociaux exercent une influence sur la qualité de vie et la longévité.

**La clé du bonheur et de la longévité** reposerait donc en partie sur la qualité de notre entourage.

Cela ne semble pas tiré par les cheveux quand on pense à l'Homme depuis ses débuts. De tout temps, l'homme a vécu en groupe, afin de préserver sa survie et sa descendance. Des australopithèques tous célibataires ne nous auraient pas menés bien loin dans l'histoire humaine. Tout autant que des australopithèques vivant seuls ou en couple : c'est toujours mieux d'être entourés de guerriers, de chasseurs, de cuisinières pour survivre à cette époque. À notre époque aussi d'ailleurs : il est impossible de travailler totalement seul, ce que nous mangeons a obligatoirement nécessité l'aide d'une tierce personne. Nous avons besoin des autres pour survivre. Pour vivre également. De tout temps, l'Homme s'est entouré pour penser, créer, construire, etc. Nous pouvons donc dire que l'Homme est un être social.

Mais cela va au-delà des « besoins vitaux ». L'Homme, en cultivant de bons rapports avec son entourage, s'assure une vie en meilleure santé et plus longue. Il se préserve mieux des dépressions, mais aussi des maladies (comme les maladies cardiovasculaires).

**Entretenir de bonnes relations, des liens réciproques.** Avoir autour de nous des personnes nous connaissant bien, capables d'apporter de la bonne humeur, avec lesquelles entretenir des relations d'entraide nous maintient en vie.

« Les amis sont la famille que l'on se choisit »

Étant donné que chacun de nous suit son propre chemin, il est possible (voir inévitable) de perdre des amis à certains moments de nos vies. Ce qui compte ce n'est ni le nombre ni la durée. Ce qui compte c'est d'avancer dans ta vie en sachant que tu peux à tout instant te tourner vers un(e) ami(e), un(e) vrai(e). La meilleure façon d'attirer à toi un ou plusieurs amis est tout simplement d'être toi-même. **On attire ce qui nous correspond, on attire à nous ce que nous reflétons vis-à-vis des autres.** Laisse faire les choses, ne brusque rien. Tout arrive à point nommé. Les amitiés se font et se défont, certaines perdurent des années.

Il y a cependant peut-être certains points importants à respecter pour voir perdurer une relation :

– **Sincérité**

– **Empathie**

– **Entraide**

– **Réciprocité**

Si deux personnes sont sincères l'une envers l'autre, tout en ayant de l'empathie, alors l'entraide se fera spontanément. Et c'est l'entraide, la sincérité entre deux personnes et l'empathie qui les lie qui forment les amitiés. Ceux qui seront là dans les bons et les mauvais moments. Trouver des copains c'est plus simple, tout le monde répond présent pour un apéro, un ciné, rire, papoter, jouer. N'oublie jamais l'importance du noyau, préserve tes amis, ils valent de l'or.

Les relations nécessitent l'implication d'au moins deux personnes. Deux personnes bien distinctes ayant leurs propres valeurs, leurs propres croyances, leurs propres forces et faiblesses, leurs propres visions de l'avenir, leurs propres objectifs. Il est important, malgré ces différences, que **les limites de chacun soient respectées.** Il est donc intéressant de les rappeler lorsque cela est nécessaire.

**Par exemple** : une amitié fusionnelle peut ne plus convenir lorsqu'une des personnes est en couple. Au lieu de ne rien se dire ou de se plaindre à d'autres, les deux personnes concernées peuvent se retrouver pour en discuter. L'une explique qu'elle se sent délaissée, l'autre qu'elle a besoin d'intimité avec son copain. Les solutions finiront par sortir.

**En amitié comme en amour, une personne peut changer.** Ses besoins peuvent changer, ses envies peuvent changer, ses objectifs peuvent changer, etc. Une relation amicale ou amoureuse ne peut perdurer que si les limites de chacun sont perpétuellement respectées. Pour faire respecter ces limites (les tiennes comme les siennes), il faut qu'elles soient claires. Une simple discussion peut tout à fait permettre de faire évoluer la relation vers une nouvelle version, **une version mise à jour qui continuera de satisfaire chacun.**

---

Qui sont tes principaux amis ? Comment trouves-tu vos relations actuelles ? Sont-elles réciproques ?

Dirais-tu que tu es un ami parfaitement sincère, empathique et solidaire ? Pourquoi ?

Avez-vous déjà eu besoin d'une « mise à jour » ? Comment cela s'est passé ?

---

La pensée de La Grenouille :
Que tu apprécies la quantité ou non, accorde de l'importance
à la qualité de tes relations amicales.
Sincérité – Empathie – Entraide – Réciprocité.

# Les 5 façons d'aimer

Il existe très probablement autant de manières d'aimer que d'êtres humains sur Terre.

**Nous aimons en fonction de nos principes, de nos valeurs, de la façon dont on nous a aimés** (nos parents [biologiques, adoptifs], nos amis, nos ex…). Nous aimons également en fonction de nos blessures, de nos manques, de nos craintes, de nos expériences, en fonction du regard de l'autre, du regard des autres…

Parfois notre façon d'aimer change, évolue, s'adapte ; parfois on ne change rien ou peu de choses ; parfois on change sur la durée, parfois cela ne tient pas longtemps ; parfois même on change juste la personne aimée.

On aime sa famille, ses amis, son âme sœur, ses partenaires, sa belle-famille, ses voisins, ses collègues... et **rarement toutes ces personnes de la même façon.**

Nous pouvons néanmoins (et cela a déjà été fait) classer toutes les manières d'aimer en 5 catégories[2] :
- **Les mots**
- **Le toucher**
- **Les cadeaux**
- **Les services**
- **Les moments de qualité**

Il est intéressant d'observer de quelle manière nous avons tendance à aimer l'autre, à aimer les autres.

---

[2] Les 5 langages de l'amour, Gary Chapman

Il l'est tout autant de remarquer de quelle manière aiment les personnes qui sont importantes pour nous.

Sans jugement, sans frustrations, sans comparaison, juste observer.

Observer comment, dans un cercle amical, avec le même degré d'attachement, une personne va régulièrement exprimer son amitié envers toi, verbalement, par des compliments et des déclarations, et une autre va se taire, mais sera toujours présente pour t'aider. Comment, au sein d'une même famille, un membre va te couvrir de cadeaux, pas toujours cohérents, mais nombreux, et l'autre ne t'accordera que peu de moments, mais des moments beaux et forts. Comment certains distribuent des câlins à tout va et d'autres préfèrent rester là, à côté, parfois même silencieux. Toutes les autres façons d'aimer ne sont que des dérivés :

- **Les moments de qualités**
- les moments peu coûteux, mais forts en amour
- les moments souvent chers voir très chers
- les moments à partager une activité particulière
- les moments à ne rien faire ensemble
- **Les cadeaux**
- les cadeaux recherchés, personnalisés
- les cadeaux en grand nombre
- les cadeaux rares
- les cadeaux chers
- **Le toucher**
- très réguliers/souvent
- rares et intenses
- **Les mots**
- réguliers / souvent
- rares
- « légers » (surnoms, compliments, « jtm » ...)
- « forts » (déclarations, unions…)
- **Les services**
- toujours là
- pour les grandes occasions

La liste peut être rallongée à l'infini.

**Nous avons cependant chacun une manière plus distincte d'aimer**, qui peut varier en fonction de la personne que l'on aime : on peut être présent pour sa famille, prendre dans ses bras ses amis, dire je t'aime à son âme-sœur, offrir des cadeaux à sa belle-famille et complimenter ses collègues. En général, nous surfons tous sur ces 5 catégories (ou moins), adaptant notre comportement à l'interlocuteur. Se rendre compte de cela permet de mieux appréhender les autres, de mieux les comprendre. Nous sommes tous différents, à quoi bon juger la manière qu'a l'autre de t'aimer ? L'essentiel n'est-il pas qu'il t'aime et essaie de te le prouver ?

Quand bien même une personne t'aimerait « mal », vaut-il mieux critiquer parce que tu trouves cela stupide ? Ou bien remercier pour cet amour et discuter calmement de ce qui te pose un problème ?

**Tatie Jeannette te gonfle avec ses cadeaux à deux francs six sous qu'elle t'offre à longueur de journée ?** Cela encombre tes placards et ne te rend pas plus heureuse ? Très bien, néanmoins elle t'aime comme ça, c'est comme ça qu'elle l'exprime, ça se respecte. Partage un moment d'intimité avec tatie et explique-lui le malaise :

Tatie, je sais que tu me couvres de cadeaux par amour pour moi et pour me montrer que je suis importante pour toi. Merci. Cependant, je dois t'avouer que je suis dérangée par ça. J'essaie de ne pas accumuler les objets, de limiter ma consommation et je ne sais pas toujours quoi faire de tous tes cadeaux.

Propose une alternative :

Tu sais, te voir pour le café sans que tu aies quelque chose à m'apporter me convient tout à fait, c'est ta présence qui me fait plaisir avant tout. Et si jamais c'est trop dur pour toi, sache que j'aime les choses utiles qui traversent les âges, ou bien ce qui se mange.

Laisse faire le temps :

Tatie va peut-être mettre du temps, ou faire une « rechute », laisse-lui le temps. Encourage le changement, relativise les « rechutes ». **Tatie a peut-être toujours aimé de cette façon, toute sa vie, persuadée que c'est la meilleure ou la seule solution pour elle...**

Et toi, tu aimes comment ? Aimes-tu tout le monde de la même manière ? T'es-tu déjà demandé si ta manière d'aimer était toujours pertinente pour la personne concernée ? As-tu dans ton entourage une personne qui t'aime maladroitement ? En as-tu déjà discuté avec elle ?

La pensée de La Grenouille :
Questionne-toi sur la pertinence de ta manière d'exprimer ton amour.
Aimer ne suffit pas toujours, parfois la maladresse cause du tort.
Ne juge pas la façon d'aimer d'une personne, cherche à en comprendre la raison,
ou bien passe ton chemin.

# Le bonheur

Il résiderait dans plusieurs petits trucs comme :
– **L'autonomie** (affirmations, espace, libertés)
– **Le plaisir** (affection, douceur, loisirs)
– **Le social** (amitié, amour, communication, contribution, soutien)
– **Le mental** (découverte, connaissances, analyse)
– **L'expression de soi** (évolution, créativité, ordre, ritualisation)

**L'autonomie, ça se travaille (et à tout âge),** exactement de la même manière que ton apprentissage de l'autonomie pendant l'enfance. Étant enfant, tu as dû apprendre à aller seul aux toilettes, à te laver seul, à manger seul, etc. À l'âge adulte, l'autonomie continue de s'apprendre et elle participe à ton bonheur. Chaque petit succès accompli seul entraîne un sentiment de joie, de fierté, de liberté.

**Par exemple** : tu aménages ton lieu de vie et tu as un meuble à monter. Le monter seul te procurera bien plus de satisfaction que si quelqu'un s'en chargeait pour toi. Une fois la dernière pièce montée tu vas automatiquement sourire, fier de ce que tu as accompli, content du résultat. Tu sais dorénavant que tu es capable de monter un meuble seul, tu as gagné en autonomie. Cela fait partie du bonheur.

**L'autonomie passe aussi par ta capacité à t'affirmer**, par la création de ton propre espace, par les libertés que tu t'accordes.

**Le plaisir se décline sous tout un tas de formes.** Il peut s'agir de l'affection apportée par une présence humaine ou animale. Il peut s'agir d'un moment de douceur autour d'une boisson chaude que tu aimes. Il peut s'agir d'un loisir qui te divertit, d'une activité enrichissante qui te plaît.

**Le social regroupe toutes tes interactions avec le monde qui t'entoure.** Elle concerne la communication qui te lie aux autres, les sentiments d'amitié et d'amour que tu entretiens avec ton entourage, ainsi que ta contribution au monde qui t'entoure, le soutien existant entre toi et les autres.

**Le mental concerne ta stimulation mentale.** La stimulation de ton cerveau passe par la découverte, l'élargissement de tes connaissances, ta capacité à analyser. Apprendre de nouvelles choses, découvrir de nouvelles activités participent activement à ton bonheur. Ton cerveau est stimulé, tu évites l'ennui trop fréquent, tu gagnes en autonomie, tu élargis ta communication, tu t'ouvres à d'autres plaisirs. Bref, n'oublie pas ton cerveau.

**L'expression de soi passe par la créativité et par l'affirmation de soi.** Elle s'établit également dans ton organisation, dans ta ritualisation. Tu peux par exemple t'exprimer par la danse, par l'affirmation de tes valeurs. Tu t'exprimes aussi au travers de tes rituels : en respectant tes valeurs dans tes routines (organisation de ton temps dans le respect de tes valeurs).

**Le bonheur ne tiendrait donc qu'à l'organisation de tes journées, en adéquation avec tes valeurs et en te respectant.** Il est donc important pour être heureux de s'organiser autour de choses qui nous procurent de la joie, afin de faire perdurer en nous cette sensation de bonheur.

À toi donc d'organiser ton temps en fonction de ces éléments.

---

Tu fais quoi dans tes journées qui te rend heureux ? Que pourrais-tu mettre en place pour être (plus) heureux ? Que fais-tu dans la journée pour participer au bonheur de quelqu'un d'autre ?

---

La pensée de La Grenouille :
Consacre quotidiennement du temps à ton bonheur,
exactement comme pour un rendez-vous classique.
Ex : chaque jour, 15 min, à 21 h.

# Les seins

**Tantôt exhibés, tantôt cachés.**
Au Moyen Âge, on valorise des seins petits et haut placés, mais dès la Renaissance on commence à les vouloir plus denses et rapprochés, et sous Napoléon on les comprime dans un corset, ce qui n'empêche pas les gros seins de devenir un symbole de bonne santé à la fin du XIX$^e$ siècle. Puis dans les années 1950, des scientifiques se réunissent pour démontrer que le QI dépend de la taille des seins. Et depuis 150 ans, on prétend que le soutien-gorge permet de maintenir les seins fermes alors que l'on a découvert qu'ils font carrément l'inverse. **Bref.**

Le sein est l'**une des premières expériences sensorielles de ta vie (et de celle de la plupart des mammifères, qui pratiquent l'allaitement)**, c'est un phénomène naturel, beau, à la fois sacré et proscrit dans certains lieux, car considéré comme gênant. Le sein, de tout temps, oscille entre beauté de la femme au sens créatif et nourricier du terme, et l'image ultra sexuée, voire pornographique, qu'on lui attribue. On les montre ou on les cache, voire on fait les deux en même temps (en mettant la forme du sein en avant, mais en cachant le téton). Ou bien encore, on décide de ne montrer qu'une certaine forme de sein censée représenter l'idéal de l'époque (pub, film, etc.).

Tout ce joyeux bordel fera des seins, tout au long de l'histoire **un sujet à débat.** Et il vaut mieux en être informée si on ne veut pas passer tantôt pour une p*te, tantôt pour une coincée. Il faut aussi et surtout une réelle affirmation et une forte confiance en soi pour vivre avec ses seins en toute tranquillité. Car, peu importe la mode actuelle, **il y a toujours des filles qui ne correspondent aux critères de mode :**

qui ont des seins trop gros, trop petits, trop hauts, trop bas, trop rapprochés, trop espacés, trop ronds, trop pointus, trop fermes, trop mous, qui les montrent trop souvent, pas assez. **Il est de ton devoir (que tu sois une fille ou un garçon)** d'accepter tous les seins : les tiens si tu en as, mais aussi ceux des autres. Que tu sois une fille ou un garçon, ne porte aucun jugement sur le corps des autres, apprécie ceux qui te plaisent sans dénigrer les autres. Il en faut pour tous les goûts.

Quel est ton rapport aux seins ? Pourquoi ? T'est-il déjà arrivé d'en critiquer ?
Trouves-tu cela bien ou mal ? Pourquoi ? Qu'est-ce qui motive ce jugement de valeur ?

La pensée de La Grenouille :
Si tu en as : au lieu d'envier les autres, demande-toi ce que « ces seins fantasmés », t'apporteraient, comment tu te sentirais avec, et cherche 3 moyens de ressentir la même chose sans modifier ton corps (attitude, pensée, entourage, etc.)
Si tu n'en as pas : n'oublie pas que personne ne « choisit » son corps, pour certains il est dur de s'affirmer tel qu'ils sont, ne critique pas.
Apprécie ou passe ton chemin.

# Le flot de pensées

Voici un outil tout simple qui pourra t'aider toute ta vie : l'écriture. **Sans te soucier de la forme ni de la grammaire. Juste l'action d'écrire à l'encre sur une feuille.** Écrire tes pensées, tes réflexions, **tes doutes. Ta peur, ta colère, ta frustration. Tes buts, tes envies, tes objectifs.** Écrire sans filtre. **Écrire gros ou petit, lisible ou brouillon, lentement ou rapidement.** Écrire en t'adressant à toi-**même ou bien à une tierce personne. Peu importe.** Tant que tu extériorises ce qui te « plombe ». Le seul but étant de te décharger des non-dits ou des trop-pleins de pensées. Ce simple moment entre toi et toi-même te videra de ce qui t'encombre.

Tu peux garder secrètes ces pages, les relire plus tard. Tu peux les déchirer sur le champ et éliminer toute preuve. Tu peux aussi les donner à lire, telles quelles ou bien après rectification. Pour avoir testé toutes les méthodes, elles sont toutes très efficaces, tout dépend du contexte.

– **Des choses à dire à un(e) ami(e), un(e) chéri(e) ? des choses compliquées qui ne « sortent » pas ?** Écris ! Écris ce que tu ressens, fais un ou plusieurs « brouillons » s'il le faut. Écris de manière brute ce qui sort de ta tête et/ou ton cœur si cela est nécessaire puis prend du recul. Ou bien écris d'une traite ce que tu n'arrives pas à dire. Seule chose importante : assume tes mots, ils resteront.

– **Un excès de pensées ? De doutes ? La tête « pleine » ?** Écris tout ce qui te passe par la tête, toutes ces choses, ces ressentis qui te bloquent sur le moment. Expulse absolument tout, quitte à finir sur des choses un peu abstraites et futiles. Puis lis cette page si tu le souhaites et jette-la, déchire-la si ça peut te faire du bien ou bien range-la quelque part. Laisse s'écouler plusieurs jours ou plusieurs semaines puis ressors-la et lis-la : tu verras ce qui a été écrit et ce qui est devenu bien plus insignifiant, ce qui a déjà changé, ce qui a été réglé, ce qui reste d'actualité. Dans tous les cas, il y a de grandes chances pour que le contenu de cette lettre appartienne au passé et que tu réalises à quel point ce « poids » était handicapant.

   – **De la colère ? Rancœur ? Jalousie ? Tristesse ?** Écris tout ce qui t'a touché(e), tout ce que tu ressens, tout ce que tu aimerais faire ou dire (qu'importe si c'est mauvais, tu ne fais que l'écrire en ayant conscience que c'est à « chaud » et que tu n'es pas pertinent(e) à cet instant. Tu ne fais pas de mal). Tu lui crèverais bien les yeux à cette pétasse ? Comment il a pu oser te faire ça à toi, ce connard, moi aussi je vais baiser sa meuf ! Très bien ! Lâche ! Oui, c'est moche de « dire » ces choses, c'est puéril, bête et méchant. Mais si tu le penses, sors-le sur papier. Personne ne le saura mis à part toi. Pleure en écrivant, crie ou tape dans un coussin, laisse aller les émotions. Tu es en plein apprentissage de tes émotions, la première étape est de les écouter. Ensuite, tu apprendras à prendre du recul et à en chercher les véritables causes. À les laisser s'exprimer en respectant ton prochain. Avec le temps, tu arriveras même à les comprendre parfaitement et à en faire une force. Pour le moment, tu es submergé, ça arrive à tout le monde et à tout âge. Cet exercice n'a pas de limite d'âge. Lâche tout et déchire cette lettre. Si tu éprouves encore de la colère (rancœur, jalousie, tristesse) à la fin de cette lettre, c'est probablement que tu n'es pas allé(e) au fond des choses. Tu n'as pas été complètement sincère vis-à-vis de toi-même. As-tu vraiment atteint le fond du problème ? Tout ce que tu ressens est-il écrit ? Et toutes les raisons de tes ressentis ? Y a-t-il quelque chose sur ce que tu aurais préféré vivre ? N'y a-t-il pas une chose que tu aurais pu faire ou ne pas faire pour éviter cela ? Ça y est, là t'as craché le plus gros du morceau, alors, on se sent mieux ?

   Il est important de te remercier, ou remercier la vie, Dieu, tes parents... Qu''importe ! Mais remercie. Remercie pour la capacité que tu as de pouvoir faire ça. Tu as un cerveau, des mains valides, de quoi écrire, le temps pour le faire. Tout le monde ne réunit pas tous ces critères.

Tu fais ça pour toi et/ou pour tes proches. Tu cherches une réponse, une solution ou bien à vivre au mieux une situation conflictuelle. Tu cherches au fond de toi ce qui s'y passe. Tu vis tes émotions. Tu cherches à avancer et c'est louable. Sois content de toi, tôt ou tard ça paiera.

Il n'y a pas d'âge pour écrire. Peu importe que ce soit un journal intime, un cahier lambda, des feuilles volantes, que ce soit ponctuel ou régulier, quotidien ou semestriel.

---

As-tu des traces écrites de ton vécu ? Des notes, un cahier ? Que cela te procurerait-il d'en découvrir un sur ton passé ? Aimerais-tu garder une trace de certains moments, de certaines pensées ? As-tu déjà mis sur papier tes pensées, intuitions, journées ? Si tu le faisais, qu'est-ce que ça t'apporterait de bénéfique ?

---

La pensée de La grenouille :
La plupart de tes pensées sont les mêmes qu'hier,
plus tu les notes, plus tu libères de la place dans ta tête.

# Les voyages

Nous sommes (à ce jour) environ **7,8 milliards d'êtres humains** sur cette planète, il existe **plusieurs centaines d'ethnies** différentes, plus d'une **quinzaine de religions**. La terre n'abrite pas loin de **9 millions d'espèces différentes** (environ 6,5 millions sur terre et environ 2,2 dans l'eau) et la plupart restent encore à découvrir. **8 climats différents** opèrent en même temps sur la planète bleue. **Chaque partie de ce globe possède sa propre histoire, sa propre langue, son propre patrimoine, sa propre cuisine, son propre climat, sa propre culture.**

Rien qu'en France tu peux découvrir de nombreux patois, de nombreux plats typiques, de nombreux lieux historiques, et même des climats différents

Chaque famille de chaque pays est différente. **Chaque être humain sur cette terre peut t'apporter beaucoup.** Par son état d'esprit, ses coutumes, sa cuisine, sa santé, sa culture, etc. J'ai eu la chance d'effectuer un voyage humanitaire quand j'avais 17 ans : il a bouleversé ma vie ! J'ai rencontré une population d'une générosité infinie, d'une joie de vivre splendide, d'une solidarité à toute épreuve, heureux de tout ce qu'elle pouvait avoir. J'ai durant ce séjour dormi dans une cabane en terre, allant chercher l'eau au puits pour la douche, faisant pipi dans des toilettes « à la turque », je me suis déplacée en charrette, cherchant la fraîcheur sous des arbres, déjeunant de poulets qu'on avait dû attraper vivants. J'ai mangé par terre dans des plats qu'on se partageait à 5 ou 6.

Mon retour en France fut d'un déprimant ! Ici, on a tout le confort, mais tout le monde râle « ah il pleut » « rho j'ai raté mon bus » « je n'ai même pas eu le temps de me doucher ce matin ». Si chacun avait vu ce que j'ai vu, alors on arrêterait peut-être de se plaindre (au moins de manière temporaire) quand on sait que certaines personnes sur ce globe rêveraient d'avoir une douche avec l'eau courante, de la pluie pour arroser les plantations, et des transports publics pour se déplacer.

**Outre t'ouvrir les yeux sur ce que tu as et ta place dans ce monde, le voyage t'enrichit.** Il t'enrichit de savoirs, de beauté, d'ouverture d'esprit, d'humanité. Nul besoin d'aller à l'autre bout du monde, il y a mille merveilles dans ton pays, sur ton continent. Et quand bien même tu as envie de parcourir le globe, pense à ton empreinte écologique. D'ailleurs où que tu ailles, pense à ton empreinte écologique. Respecte la flore locale, la faune, l'environnement, ne pollue pas, respecte les coutumes locales. Imagine que quelqu'un vienne chez toi pour visiter : tu aimerais qu'il respecte le lieu, les habitants et tes habitudes. C'est la même chose partout sur terre. D'ailleurs si tout le monde agissait de la sorte, notre planète s'en porterait bien mieux.

Qu'as-tu déjà découvert de ce monde ? Quelle culture ? Quelle population ? Quel pays ?
Qu'aimerais-tu découvrir ? Qu'aimerais-tu découvrir par-dessus tout ? Pourquoi ?
Que pourrais-tu faire pour te permettre de voyager ?

La pensée de La Grenouille :
Comporte-toi à l'extérieur comme tu aimerais que les « étrangers » se comportent dans ta/ton propre ville/pays.

# Courage vs Perfection

**Encore à mon époque (et je ne suis pas un dinosaure !) on attribue à la femme la quête de la perfection et à l'homme la quête du courage.** Et ce concept étant présent depuis des années, il est plutôt bien entré dans l'imaginaire collectif : c'est logique, normal, on adhère. Des pays comme les États-Unis vont un peu bouleverser cet état d'esprit en mettant **plus l'accent sur l'effort, les échecs, sans condition de genre.** Cependant, nous vivons en France, et en France l'échec est encore majoritairement mal vu. D'autant plus pour les femmes. Là où les hommes sont éduqués à essayer, à se lancer, où l'échec est valorisé par la preuve de courage, la femme n'obtient pas la même indulgence.

**Un homme est éduqué à faire le premier** pas quand il drague : il va essuyer des refus sans se formaliser. Il va réessayer, encouragé par ses potes qui, à la limite, vont le charrier un peu sur son râteau, mais qui seront aussi là pour le motiver à « tenter sa chance ».

**Un homme va être encouragé à pratiquer des sports où l'on gagne ou l'on perd,** ou bien des sports où on prend des coups. Il sera encouragé à se relever des défaites, à s'entraîner, à réessayer.

**Un homme est éduqué à défendre et se défendre** : il va parfois prendre des coups.

**Un homme est éduqué à ramener l'argent au foyer** : à prendre des décisions, demander des augmentations, prendre des risques pour y parvenir (placer de l'argent par exemple), monter une entreprise.

**Un homme est éduqué au danger à la prise de risque.** Des premiers râteaux de flirt, à la droite dans la figure en sortant de boîte, en passant par une défaite minable au sport, par le patron qui refuse une augmentation, jusqu'à la faillite de son entreprise. L'échec fait partie de sa vie, il atteste ses efforts, ses tentatives. Les échecs sont relativisés, ce qui compte c'est l'après.

**Une femme va être éduquée à attendre** que l'homme fasse le premier pas : elle va attendre, se mettre dans les meilleures dispositions (tenue, attitude, sourire, etc.) elle va être patiente, attentionnée, gentille, belle, etc.

**Une femme va être poussée plus facilement vers un sport artistique** : la danse, la gym, le chant, le dessin. Il n'y a pas ou peu de compétition. Ce sont essentiellement des entraînements afin de répéter des gestes, des enchaînements, des dessins, jusqu'à les montrer lorsque le résultat est correct, On ne montre un spectacle de danse, gym, chant ou des expositions de dessins que lorsqu'ils sont réussis, beaux, plaisants. Le début des cours de danse, quand c'est chaotique, les figures de gym ratées, les voix mal accordées, les dessins moches restent cachés du public.

**Une femme est éduquée à éviter le danger** : éviter les embrouilles, chercher la protection, tempérer.

**Une femme est éduquée à devenir une « bonne » femme** : une future mère d'enfants capable de tenir un foyer, gérer des finances (et ça, c'est récent), s'occuper de la cuisine, de l'intendance, de l'éducation. Capable de rendre heureux un homme par sa cuisine, son comportement, son corps. Pour cela, une femme va instinctivement limiter les risques : on va cuisiner dans notre coin pour ne pas faire brûler un plat ou le servir à d'autres alors qu'il est immonde. On va servir des plats qu'on maîtrise. On va essayer des tenues avant de sortir pour être sûre que cela va. On va s'entraîner seule à se maquiller ou avec sa mère pour ne pas avoir l'air idiote. On va épargner l'argent. On va demander l'avis des copines pour un oui ou un non.

**Bref, on limite les risques et surtout on cache les échecs.** On ne parle qu'aux amies très proches de nos plats ratés, de la tenue qu'on a essayée, mais qui était ridicule, de notre chute en essayant des talons, du trait d'eyeliner raté qui nous faisait ressembler à un panda. Du mec qui nous plaît, mais qui ne vient pas vers nous. Tout cela, car on est amenée à toujours montrer le meilleur de nous.

Personne n'a fait ses premiers pas vers 1 an avec des talons aiguilles, personne n'a réussi du premier coup son trait de liner à la Cléopâtre, on ne naît pas en sachant faire un soufflé maison, etc.

Néanmoins, la plupart des femmes répondent volontiers à l'exigence de montrer le meilleur, cacher les essais ratés, cacher les échecs, cacher le temps que ça a pris. Moi la première. Cela nous rassure, nous apporte une certaine approbation.

**C'est pourquoi on en reste des ignares dans le monde de l'échec.** Alors que tout dans la vie part d'un échec.

Un spermatozoïde a créé ta vie en rencontrant l'ovule de ta mère, mais combien ont échoué ? Imagine si tous avaient réussi, à quoi tu ressemblerais… Avant de marcher, il a fallu un nombre incalculable de chutes avant que tu mettes un pied devant l'autre, combien de mots incompréhensibles il a fallu que tu baragouines avant de savoir parler ? Et les langues étrangères ? Combien de phrases lues et relues pour arriver à te libérer de ton accent français ? Combien de crêpes ratées a-t-il fallu pour que t'en réussisses une vraiment bien ? À chaque fois, les premières sont ratées : ça t'enlève l'envie de faire des crêpes pour autant ? Et ta vie amoureuse ? Et ta vie professionnelle ? Moi, ma première relation a été un échec et tant mieux, car si ça ne l'avait pas été, je serais mille fois moins heureuse à ce jour. Et professionnellement, je serais encore aide à domicile comme à mes 17 ans, je n'aurais jamais su que j'avais les capacités d'être embauchée par une pointure du monde des soins corps, je n'aurais jamais massé un prince, croisé des stars, travaillé dans le luxe pour des massages à 180 euros. Je ne me serais jamais vu travailler en tailleur, maquillée, vendre des produits et ouvrir ou fermer une boutique seule. À 26 ans, j'ai fait 11 entreprises différentes pour 3 postes différents. Des échecs ? Non, je ne crois pas !

Ce que je veux dire, c'est que la recherche de la perfection est une chose, mais le plus important est le courage. C'est en ayant le courage d'essayer que tu évolues.

Si tu es un homme, l'échec ne doit pas te stresser. Si tu es une femme, probablement que cela t'angoisse de te planter. « C'est en se plantant qu'on devient une fleur ! »

**L'être ne devrait pas être séparé du faire. Une femme peut être et faire. Un homme peut faire et être.** Distinguer les deux en fonction du sexe, comme si cela était une question de chromosome sexuel, c'est ridicule à mon sens. Nous sommes différents sur la forme, non sur le fond. Un homme agira différemment d'une femme, une femme agira différemment d'un homme. Un homme s'incarnera différemment d'une femme, une femme s'incarnera différemment d'un homme. Voilà tout.

Si tu es une femme, inspire-toi des hommes et de leurs capacités à faire, tenter, se relever, assumer.

Si tu es un homme, inspire-toi des femmes et de leurs capacités à être, à incarner, à briller.

---

Quels sont tes 5 derniers échecs ? Comment les as-tu vécus ? Pourquoi ?

Es-tu plus à l'aise dans « l'être » ou dans le « faire » ? Pourquoi ?

Comment te relèves-tu de tes échecs ? En combien de temps ? En faisant quoi ?

---

La pensée de La Grenouille :
N'hésite pas à tirer le meilleur des hommes et des femmes
pour être, incarner, te relever, entreprendre, accomplir...

# Ton transit

Eh oui, ce n'est peut-être pas glamour, mais **c'est super important pour ta santé.**

Une bonne digestion joue énormément sur ton quotidien (santé, forme, moral).

En médecine ayurvédique, on parle de bon transit lorsqu'il y a 4 passages à la selle par jour. Pour résumer, admettons un passage aux w.-c. pour la grosse commission pour chaque repas ingéré. Au-delà, il est possible que l'assimilation des nutriments ne se fasse pas correctement ; si c'est moins, on parle déjà en ayurvéda de constipation.

Au-delà du nombre de passages, **l'aspect de tes selles est important.** Cela reste entre toi et toi-même, il te suffit de temps en temps de jeter un coup d'œil avant de tirer la chasse afin de surveiller cet indice capital de bonne ou mauvaise santé.

**Une selle plutôt lisse, de la taille d'une banane, sortant doucement et facilement, qui est dans les tons de marron est signe d'un parfait transit.**

Une saucisse fissurée est aussi une selle considérée comme normale.

Une selle bosselée indique une légère constipation.

De petites boules dures sont signe d'une constipation sévère.

Des morceaux mous avec des angles nets indiquent une diarrhée légère.

**La couleur également est à prendre en compte :**

– Marron : des selles dans les tons de marron sont une selle normale.

– Marron avec un mucus blanchâtre : peut-être le signe d'une inflammation des intestins.

– Jaunâtre : preuve d'un excès de gras dû à l'alimentation ou à autre chose.

– Noire : couleur provenant de diverses causes telles que l'alimentation, les médicaments ou la présence de sang.

– Rouge : couleur provenant de l'alimentation ou de la présence de sang.

– Verdâtre : couleur due à la chlorophylle de certains végétaux ou bien due à un transit trop rapide.

– Grisâtre / argile : peut-être dû à un manque de bile.

**Je ne suis pas médecin et ce qui est écrit l'est à titre indicatif, afin que tu puisses veiller à ta propre santé.**

S'il survient un changement dans tes selles, réfléchis à sa cause probable. Dans la majorité des cas, tu trouveras la réponse dans ton alimentation récente et ton état de stress. Un changement ponctuel n'est pas inquiétant, ce qui pourrait l'être serait un changement brutal sans raison particulière ou bien un changement qui persiste. À toi d'écouter ton corps, tes ressentis, à toi d'analyser dans un premier temps puis de mettre en place les actions nécessaires (changement alimentaire, meilleure hydratation, sport, massage, rendez-vous médical, etc.)

---

À quelle fréquence vas-tu à la selle ? Est-ce régulier ? Est-ce un acte simple ou compliqué ? Comment sont tes selles en général ? Te sens-tu ballonné(e) ?

---

La pensée de La Grenouille :
Libère-toi de tes blocages vis-à-vis du fait d'aller à la selle.
Use d'astuces s'il le faut pour t'aider.

# Ton corps (accoutumances et mémoires)

C'est une bonne phrase de fossile, mais : un corps t'en as qu'un pour toute ta vie, alors prends-en soin.

Alors oui tu peux te faire opérer, réparer ou changer des pièces, tu peux en enlever même. Mais la base reste la même et tout s'y inscrit.

Il existe un paradoxe : les substances et habitudes nocives font du mal à ton corps, pourtant tu développes jusqu'à un certain point la capacité de t'y habituer. Ne prends pas ça pour une victoire, s'y habituer ne veut pas dire que cela ne te cause pas de mal.

**Exemple :**

L'alcool : plus tu bois, plus tu « tiens » l'alcool. Plus tu bois souvent et/ou en quantité, plus tu mettras du temps à en ressentir les effets. Ton corps « s'habitue » à cette substance, tu te sens soûl(e) de plus en plus tard, tu bois de plus en plus pour le même résultat. Pour autant, ton foie souffre quand même. Ton foie se repose de moins en moins, il travaille de plus en plus. Il a de plus en plus de mal à fonctionner même pour des « tâches » normales de digestion (tu remarqueras que les gens qui boivent ont du ventre, le visage plus « bouffi », moins fin). Donc d'un côté tu « gagnes » en endurance, mais de l'autre tu « perds » en épuisant ton système de manière prématurée.

Alors rien de grave, la plupart des gens sont passés par des périodes festives ++ avec quelques (voir beaucoup) d'excès. Le tout est de connaître ton corps. De savoir ressentir ses signaux d'alarme, de les respecter. Le meilleur moyen est de faire les choses en connaissance de cause : oui, je picole un peu, mais je suis jeune, j'ai envie de profiter.

Je connais mes limites, je ne vais pas jusqu'au stade de vomir de mal-être. Ça reste occasionnel. Je ferai attention plus tard. Et, quand l'âge vient, de faire un bilan. De décider avec toi-même si tu as envie de continuer, si tu préfères encore profiter quitte à plus te fatiguer, ou non. Libre à toi de picoler de manière festive toute ta vie si le cœur t'en dit, mais fais-le en connaissant les conséquences, en assumant. Chacun sa vie, ses envies, mais ses responsabilités aussi...

Il existe une autre loi qui régit notre corps et ses limites : la mémoire du corps. « **C'est comme le vélo : ça ne s'oublie pas** ». Si tu travailles ta souplesse, ta coordination, ton cardio/ta respiration, ton équilibre, etc.... alors ces compétences te seront plus facilement accessibles toute ta vie (plus que quelqu'un qui ne les a jamais travaillées).

**À toi de faire de ton corps une arme, une compétence, un atout et non un fardeau.** Plus tu es jeune plus il est facile de lui apprendre plein de choses, plus t'es jeune plus il est sensible aux mauvaises choses. À toi d'user des bonnes choses et non des mauvaises. Les premières peuvent être illimitées, les secondes doivent être limitées si tu veux un corps sain sur la durée.

Mes grands-parents en sont un parfait exemple :

Mamie avait un très bon niveau en natation, en gymnastique. Toujours active, combative. Elle en a fait des repas entre amis, des fêtes. À 88 ans à ce jour, elle boit encore du vin rouge à table, parfois un Irish coffee au dessert au restaurant et un apéritif de temps en temps. Mais elle n'a jamais fait d'excès (génération oblige, ce n'était pas dans les mœurs). En attendant, elle a bu de l'alcool, en faisant la fête ou aux repas en famille, elle a profité de sa jeunesse et a plein de bons souvenirs de fêtes un peu arrosées, mais toujours raisonnablement. Ce qui lui vaut d'avoir une santé de fer à son âge.

À toi de choisir, en tout cas maintenant, tu sais. Chaque décision à des conséquences, sur le court ou le long terme.

Alors, tu en fais quoi de ton corps ?

Que fais-tu qui nuit à ton corps ? À quelle fréquence ? Pourquoi ?

Que fais-tu qui fait du bien à ton corps ? À quelle fréquence ? Pourquoi ?

Que dirais-tu de cet équilibre nuisances/bienfaits que tu apportes à ton corps ?

Que pourrais-tu mettre en place pour augmenter les bienfaits et/ou diminuer les nuisances ?

La pensée de La Grenouille :

Prends l'habitude « d'écouter » ton corps, fais le bilan régulièrement.

# Forces de rééquilibrage

Est-ce qu'il t'est déjà arrivé de passer un ou plusieurs jours remplis, où tu réalises beaucoup de tâches, tu es organisé, etc. puis paf ! Le lendemain baisse de forme, tu réalises moins de tâches, tu manques d'entrain, ça ne « glisse » plus ?

Oui, alors tu connais les forces de rééquilibrages. Lorsque nous n'avons pas de réelles « obligations » (horaires fixes, hiérarchie, surveillance…), les forces de rééquilibrage se font réellement ressentir. Elles surviennent lorsque nous mettons la barre « trop haut ». Nous ne pouvons que difficilement être « à fond non-stop », ou alors au détriment d'autres choses importantes (vie privée, sociale, familiale, santé, bien-être...). Voilà l'intérêt des forces de rééquilibrage : rétablir l'équilibre afin que tu puisses tenir sur la durée sans contrecoup. **Chaque personne a un niveau différent de rééquilibrage.** Tout le monde ne se prend pas le retour de flamme de la même manière ni à la même date, mais le contrecoup finit toujours par se produire.

L'intérêt de connaître le déclenchement de ses forces de rééquilibrages permet d'**être endurant et efficace sur la longueur.** Bien que nous voulions souvent faire de notre mieux, il est préférable de faire un peu chaque jour plutôt que faire tout ce qu'on peut sur 8 jours et se relâcher complètement par la suite, pendant x jours.

Cela est valable pour tes projets individuels, tes objectifs personnels (nouvelle routine, sport, monter une entreprise, alimentation…), tout ce qui n'implique pas d'« obligations » extérieures (horaires, surveillance, consignes...), mais uniquement toi. **Apprends à reconnaître les tâches énergivores pour toi**, répartis-les équitablement. **Mesure ton énergie quotidienne, évalue-la, adapte ton planning** à celle-ci. Plus tu adapteras ton organisation à ton énergie, moins cela te demandera d'efforts et plus tes énergies seront stables. Tu as prévu de faire les courses aujourd'hui, mais tu te sens particulièrement créatif ? Va créer ton support de communication, écrire ton article, fabriquer ton salon de jardin. Tu as prévu de te plonger dans tes objectifs, mais ça ne va pas ? Prépare le terrain propice à tes objectifs, ménage, flot de pensées, courses, fais tout ce qui te pollue l'esprit. **Tu n'en seras que plus performant.** Grosse journée de prévue, tu te lèves et ton énergie est à 3, tu te prépares et tu n'atteins même pas les 5 ? Allège ton après-midi, tu rattraperas un autre jour où l'énergie sera au rendez-vous. Bien entendu, c'est compliqué d'appliquer cette méthode à une activité salariée, mais si tu l'appliques à tous les autres aspects de ta vie, tu ne souffriras pas d'épuisement au travail. Tout est une question d'équilibre !

---

Comment est ton énergie sur la durée ? Dans la journée, la semaine, le mois, l'année ?

Que fais-tu pour maintenir un bon état d'énergie et d'entrain sur la journée/semaine/mois/année ?

Tiens-tu facilement tes nouvelles routines, tes objectifs… ? Ton énergie est-elle en cause ?

---

La pensée de La Grenouille :
Vise la longueur.
Avance chaque jour.
Adapte ton énergie.

# Ta zone de confort / tes limites

Ton cerveau a besoin de limites pour fonctionner de manière optimale. Par exemple, **c'est en te fixant des limites temporelles à tes buts que tes objectifs peuvent s'organiser et que tu peux obtenir des résultats.** Ou dans un autre contexte, ce sont tes limites morales (ce que tu t'autorises ou non à faire) qui déterminent ton identité (gentil, méchant, loyal, juste, etc.) et qui vont orienter tes choix de vie (je fais ou je ne fais pas en fonction de mes valeurs).

**Les limites peuvent être imposées par toi-même, par ton entourage ou encore par toi-même pour respecter ton entourage.** Il existe des limites qui sont sécurisantes (qui vont te permettre de te construire sans danger, de grandir) et d'autres qui sont restreignantes (qui vont t'empêcher de faire des choses, même si ce sont des choses bonnes pour toi).

**Le tout est de bien les connaître. De savoir les identifier.** Toutes tes limites forment en partie ta zone de confort. Elles te permettent de t'identifier, de constituer ta routine, de te maintenir en sécurité.

Pour repousser ces limites qui te restreignent dans ton évolution, il faut avoir conscience de ce qu'elles représentent et partir les explorer.

Le but étant de te rapprocher le plus de la limite de ta zone de confort, celle qui te protège du danger potentiel, et **de pousser petit à petit celle-ci afin d'augmenter ta zone de confort.** Rester prostré derrière tes limites comme si elles étaient des barrières insurmontables t'empêcherait d'avancer, d'explorer, d'évoluer. Les ignorer et te précipiter vers ta zone de danger reviendrait à courir en hurlant sur un champ de mines.

Afin d'agrandir sereinement cette zone de confort, afin d'augmenter tes capacités et ton aisance : pars à l'exploration de tes limites. Dis-toi que toutes celles qui existent à ce jour sont des limites que tu as acceptées volontairement ou involontairement. Toutes t'ont aidé d'une manière ou d'une autre au cours de ta vie. La question à se poser est : sont-elles aujourd'hui toutes utiles à mon évolution ? Y en a-t-il qui, en ce moment, m'empêchent d'avancer ?

Pour cela, détermine déjà ce que tu penses être aujourd'hui, et ce que tu aimerais être ou faire d'ici 1 mois, 6 mois, 1 an, 5 ans, 10 ans (tout dépend de tes projets, de tes objectifs, de la vision du futur que tu souhaites).

Une fois que tu as déterminé ce que tu souhaiterais devenir, écris toutes les limites mentales qui t'empêchent ou t'effraient vis-à-vis de ton objectif.

**Exemple :** dans 5 ans, je veux être chanteur.

Limites factuelles : actuellement je chante faux, je n'ai pas beaucoup de souffle. Cette limite est concrète, c'est un fait. Tout le monde pense la même chose.

Limite de l'ordre de la croyance (qui est dans ta tête) : je n'y arriverai jamais, je pars de trop loin, c'est impossible.

Cette limite ne concerne que toi, un prof de chant te dirait : « mais si, je peux t'apprendre à chanter juste ». Une copine ne te dirait « pas besoin d'avoir la voix de Beyoncé pour chanter, plein de chanteurs ont une voix légère. Tu peux y arriver ».

Une fois que tu as listé toutes tes croyances limitantes, qui t'empêchent d'aller vers ton ou tes buts, essaie d'en retrouver la source.

**Exemple :** je pense que je ne serai jamais un chanteur parce que mon prof de chant au collège a dit que j'étais mauvais, ou mes copains ont rigolé quand j'ai chanté tel jour, ou encore ma sœur a dit que je chantais comme une casserole, ou alors j'ai toujours trouvé que telle personne chante mieux que moi.

Relativise ces croyances, replace-les dans le contexte de l'époque. À ce jour, tu ne souhaites plus penser cela.

Remplace donc cette croyance par une autre qui t'encouragera à atteindre ton objectif.

**Exemple :** je peux apprendre à chanter juste et à caler ma respiration avec un professeur. Me trouver mon style personnel me permettra de séduire un public.

Et enfin, mène une action pour confirmer cette croyance : prends un prof de chant, entraîne-toi avec des vidéos, travaille ta capacité respiratoire...

---

Trouve 3 croyances qui te limitent dans le domaine professionnel, personnel, social, écris-les. D'où viennent-elles (Qui ? Quand ? Pourquoi ?) ? Change-les toutes en phrases positives. Répète-toi ces phrases positives comme des mantras tous les jours.

---

La pensée de La Grenouille :
Remets régulièrement en question les limites de ton entourage
et les tiennes.
(origines, pertinence, conséquences, légitimité...)

# Le clitoris

Que tu sois un garçon ou une fille, il est important de savoir ce que c'est. En 2020, tout le monde sait dessiner un pénis, mais tout le monde ne sait pas dessiner un clitoris. Et je ne suis pas certaine que tu aies la chance d'en voir un correctement décrit dans tes cours d'SVT vu qu'ils commencent à peine à s'y mettre...

**Il n'y a aucune raison d'être plus gêné par un clitoris que par un pénis.** La gêne vient juste du fait qu'on n'en parle pas, ou peu, et qu'on n'y connaît pas grand-chose. Alors, brisons ce tabou, car, que tu sois un futur homme ou une future femme, tu devras probablement t'en servir un jour (je le souhaite).

Le clitoris possède 8000 terminaisons nerveuses contre 6000 pour le pénis et 3000 pour le bout du doigt.

Le mythe de l'orgasme « clitoridien » ou « vaginal » est une bêtise. Il n'existe pas de femme clitoridienne ou vaginale (comme on a pu me le rabâcher à mon époque), tout (ou presque) est lié au clitoris. Ce qui varie c'est l'endroit le plus réceptif. Une femme peut préférer être touchée et stimulée en haut du clitoris, d'autres plus bas. Les méthodes sont diverses et variées, des effleurements à des caresses plus appuyées. Que tu sois un garçon ou une fille : tout est dans la découverte et l'apprentissage, le dialogue aussi a son importance. Si tu peux avoir : un(e) ami(e) avec qui parler de tes expériences et un(e) partenaire avec qui tu peux discuter de ce que tu aimes, alors tu devrais avoir une vie sexuelle épanouie. Les ami(e)s rassurent sur notre propre expérience, peuvent partagent la leur, conseiller, alerter. Un partenaire ouvert au dialogue permet de faire savoir ce que l'on aime ou non, de s'adapter, d'essayer, d'innover. N'essaie pas de deviner si une fille ou un garçon est plutôt bestial(e) ou doux(ce). Si cela ne sert qu'à t'exciter pourquoi pas, mais ne porte pas de jugement trop hâtif. Ce genre de choses n'est pas inscrit sur le front des gens, d'autant plus qu'on peut aimer le bestial, car on n'a connu que ça et véritablement fondre de plaisir avec de la douceur quand on la découvre. L'inverse est possible aussi.

**NB :** outre le clitoris qui est l'organe dédié au plaisir, il existe tout un tas de zones qui peuvent s'avérer érogènes chez la femme, parfois bien loin des organes sexuels. Comme tout dans la vie, il s'agit de découvrir. Découvrir sans jugement, tout simplement aimer ou ne pas aimer, et garder ce qui nous plaît. **Et aussi laisser chacun libre de ses propres plaisirs tant que ceux-ci ne nous atteignent pas désagréablement.** Je vais cependant te livrer 2 zones communes à toutes les femmes, mais dont l'appréciation peut varier alors tu n'y jette pas comme un forcené stp ! Le point G n'est pas un mythe il est proche de l'ouverture du vagin, coté ventre il se repère à sa différence de texture. La deuxième zone est à l'intérieur du vagin, accessible par pénétration profonde (ce qui signifie à l'extrémité du vagin) c'est une zone extrêmement sensible qui peut faire un bien fou ou mal si c'est trop appuyé.

**NB2 :** les lèvres entourant l'appareil génital féminin (petites et grandes lèvres) sont aussi variées qu'il y a de femmes. Celles visibles dans des films pornographiques sont pour la plupart retouchées, il existe même de la chirurgie esthétique pour réduire la taille ou resserrer les lèvres. Peu importe leur couleur, leur taille, leur forme, **tout ce qui compte, c'est leur hygiène et leur bonne santé.** Il n'y a pas de complexes à avoir, ni de complexe à créer. On a le corps qui nous est donné à la naissance, notre devoir est d'en prendre soin, de le chérir et de l'honorer. J'ai dû attendre mes 26 ans pour découvrir que je suis correctement formée ! J'ai complexé pendant des années avant de voir d'autres lèvres de femmes (eh bah oui étant hétéro, je n'en avais pas vu avant) dans un documentaire pour réaliser la diversité qui existe et en voir des « comme moi » et des « pires » pour me rassurer, en 2020 b*rdel ! Je suis née en 1994 ! **Alors la femme a le devoir de dédramatiser son corps et l'homme celui de rassurer.**

---

Connais-tu ton corps ? Connais-tu le clitoris ? Si tu as déjà eu des expériences avec, comment les qualifies-tu ? Que pourrais-tu améliorer ?

---

La pensée de La Grenouille :
Non seulement chaque personne est différente,
mais chaque personne elle-même évolue.
Ne reste pas figé, expérimente, respecte.

# Le pénis

Est-ce que la taille, ça compte ? Est-ce que je suis dans la moyenne ? Ai-je un petit pénis, un grand/gros pénis, ou un pénis moyen ? Le pénis de mon partenaire est-il dans la normalité ?

Tout le monde s'est posé une de ces questions au moins une fois dans sa vie. C'est « normal ».

Voilà ce que j'en dis (tiré de propos d'un andrologue urologue) :

Il existe deux types de pénis :

– Les pénis de sang ;

– Les pénis de chair.

Le pénis de sang **peut doubler de volume** pendant l'érection.

Le pénis de chair, lui, **restera sensiblement de même volume. Ce qui changera sera sa rigidité.**

Donc, ton pote Martin qui a l'air d'avoir un plus gros paquet que toi aux vestiaires a peut-être le même paquet en érection et du coup devient moins spectaculaire. Et ton pote Jean qui semble faire partie des « moins garnis » du vestiaire peut se retrouver avec un pénis plus gros que Martin une fois qu'il a une érection. Alors, ne t'embête pas à perdre ton temps à te comparer (ou à comparer ton partenaire). À moins de tous les voir en érection, tu ne sauras jamais vraiment qui a la plus grosse, et franchement qu'est-ce qu'on s'en fout !

« Oui, mais la taille quand même ça compte » mon avis ? Oui et non, ou plutôt non et oui.

**Un pénis long** peut se permettre des choses sexuelles qu'un pénis plus court pourrait plus difficilement. Il peut aussi être plus douloureux pour la femme (un vagin lors de l'excitation sexuelle s'étend jusqu'à 12 cm en général).

**Un pénis court** aura, selon la taille, plus de la difficulté pour des pénétrations dites « profondes », mais sera bien plus facile pour divers jeux (tu mets plus facilement dans ta bouche un radis qu'un concombre non ? On s'est compris…)

**Un pénis large** étant en contact avec la circonférence du vagin peut procurer certaines sensations (mais aussi certaines gênes ou douleurs).

**Un pénis fin** peut avoir quelques difficultés à bien « se faire sentir », mais compenser par la taille ou bien avec des mouvements de bassins multipliant les ressentis.

Bref, comme pour tout, il y a du bon et du moins bon dans chaque cas. Et il y a des préférences différentes pour chaque partenaire (et des préférences changeantes au courant de la vie de chaque partenaire), alors **NO-STRESS**.

Niveau ressenti, le gland est moins sensible que le doigt, qu'un mamelon ou qu'un clitoris. Les récepteurs sensoriels sont essentiellement situés autour de la couronne du gland et réagissent à la vibration et à la chaleur.

Pour ce qui est de l'éjaculation précoce, on reprend les bases. **Est considéré comme éjaculateur précoce** un homme remplissant ces deux critères :

– Une pénétration vaginale de moins d'une minute.

– Une éjaculation que l'on ne peut jamais contrôler

Si tu remplis ou que ton partenaire rempli ces deux critères alors il s'agit d'un éjaculateur précoce. Cela engendre bien souvent une souffrance psychologique. Autrement, si l'éjaculation est parfois contrôlée ou que la pénétration dure plus longtemps, il s'agit d'un manque de contrôle de l'excitation. **Et tous les hommes à un moment donné vivent une éjaculation prématurée,** cela ne fait pas d'eux des éjaculateurs précoces pour autant. Dans tous les cas, il n'y a pas matière à rire de cela. Une grosse pression est mise sur les hommes, l'aspect de leur pénis et la qualité de leurs rapports sexuels et il serait grand temps, là aussi, de relâcher la tension.

Connais-tu bien le pénis ? Quel est ton rapport avec lui ?
Qu'associes-tu au pénis ? Si tu expérimentes avec lui, que
pourrais-tu améliorer dans tes idées et tes actes ?

La pensée de La Grenouille :
Il y a autant de pénis différents
que d'hommes sur Terre.
Il ne débute ni ne finit un rapport à lui seul
et ne désigne pas la virilité d'un homme.

# L'alimentation

« Point trop n'en faut », « Tout est une question de modération », il existe un paquet de phrases prônant la modération, qu'il serait bon d'utiliser dans le cadre de notre alimentation.

Un hamburger, des frites et une glace avec coulis caramel ne font pas grand mal à l'organisme une fois ingérés et procurent une vraie sensation de bien-être.

Un hamburger, des frites et une glace avec coulis caramel 2 fois ou + par semaine sont autant de repas nutritionnels gâchés, de nutriments en défaut et de corps gras et de sucres en excès. Possibilité de stockage plus ou moins permanent, problèmes de peau.

De l'alcool en soirée ou lors de repas avec les amis ou la famille augmente le travail de ton foie, apporte des substances qui peuvent s'avérer nocives pour ton corps selon la dose, mais procure aussi un sentiment d'allégresse, de décontraction.

De l'alcool à chaque repas efface la notion de plaisir, la remplace par une habitude. C'est une forme d'alcoolisme et cela altère profondément les organes, principalement le foie.

**Tout ce qui est habitude alimentaire devrait être sain. Tout ce qui ne l'est pas devrait rester du domaine du plaisir.** Comme il ne te viendrait pas à l'idée de mettre de l'essence sans plomb 95 à chaque fois que tu vas faire le plein de ta voiture diesel, évite de donner trop souvent ce dont ton corps n'a que faire.

**Pour savoir ce qui est bon pour toi d'un point de vue alimentaire, il est bon de connaître ton corps. Chaque individu ne mérite pas le même régime alimentaire**, cela dépend de son sexe, son âge, son mode de vie, sa capacité de digestion, sa capacité d'excrétion, etc.

Savoir si tu es une fille ou un garçon, ton âge, c'est simple, connaître le milieu dans lequel tu vis (type de climat par exemple, car un Inuit n'a pas les mêmes besoins alimentaires qu'un Africain), calculer ta dépense calorique journalière, c'est à la portée de tous, cependant **évaluer son « feu » digestif est plus abstrait.**

Un tempérament nerveux, sportif avec un feu digestif fort (exemple le dosha Pitta en ayurvéda) va assimiler et évacuer rapidement ce qu'il mange.

Un tempérament apathique avec un feu digestif faible ou variable (exemple dosha Kapha ou Vata) va assimiler et évacuer plus lentement, parfois de façon aléatoire (Vata).

Il est donc normal que ces deux personnes n'aient pas le même régime alimentaire.

L'un évitera les épices, l'autre en usera régulièrement. L'un pourra manger des repas gras et lourds et s'en remettre facilement en évacuant, l'autre sentira cette lourdeur plus longtemps.

Connaître ta capacité à digérer, connaître l'état de tes intestins, connaître la bonne santé ou non de tes selles (voir chapitre sur le transit) te permettra d'adapter ton régime alimentaire. Plus tu auras une habitude alimentaire adaptée, plus tu entretiendras ton corps sainement sur la durée. Plus tu pourras également profiter de tes excès sans soucis. Tout est une question d'équilibre.

**Un bon régime alimentaire te permet de fournir l'énergie nécessaire à ton organisme pour que chaque organe fonctionne correctement tout au long de la journée.** Tu ne dois pas ressentir de faim ni de lourdeurs. Ni de gros pics d'énergie (sauf si c'est nécessaire) ni de grosse chute d'énergie. Elle doit être constante, sans avoir à grignoter. Un bon régime alimentaire s'adapte tout au long de ta vie : **tu ne manges pas la même chose étant enfant, adolescent, jeune adulte, enceinte, à 40 ans, à 60, à 80 ans...** Un bon régime alimentaire se suit avec plaisir.

Un bon régime alimentaire est un régime à base d'aliments non transformés, de saison, locaux et naturels. Il privilégie les cuissons douces et la préparation « à la minute », il est varié et il doit faire plaisir.

**C'est de cette manière, avec un plaisir partagé par ton corps et ta tête, que ton régime alimentaire sera efficient.** Si tu te forces à manger bien sans faire correctement les choses, tu ne vas pas tenir sur la durée.

Mets de la couleur, des assaisonnements qui te plaisent, joue avec les textures, fais-en un moment de plaisir. Adapte ta façon de cuisiner : si cuisiner pour chaque repas te gonfle : fais-toi des préparations de repas pour plusieurs jours ou la semaine ! Mieux vaut manger un plat qui a quelques jours ou congelé plutôt que manger sain une fois par semaine quand on a la motivation.

Pour ce qui est de tes besoins en nutriments, de l'état de ta « tuyauterie », de tes aliments « copains » et tes aliments « ennemis », il existe tout un tas de livres, d'études, de documentaires, de thérapies… pouvant t'aider dans ta démarche si tu en as besoin.

**NB :** la viande que tu manges a eu une vie avant de finir dans ton assiette. Le légume que tu manges provient d'un agriculteur qui a travaillé pour que tu puisses t'en nourrir. Il y a derrière tes achats alimentaires (notamment) des personnes et des animaux. Tes achats ont un impact sur notre monde. Réfléchis à ce que tu veux entretenir : quel salaire pour l'exploitant ? Quelles conditions de vie et d'abattage pour l'animal ? Quel circuit de consommation ?

---

Quelle est ton habitude alimentaire ? Quel rapport à la nourriture as-tu ? Connais-tu correctement ton corps (appétit, digestion, transit, accumulation, dépenses énergétiques ?) ? Quel circuit alimentaire utilises-tu ? En es-tu satisfait ? Que pourrais-tu améliorer ?

---

La pensée de La Grenouille :
*« Que ton aliment soit ton premier médicament »*
Hippocrate

# Ta détox maison

**Chaque jour qui passe ton organisme effectue une détox.** Sans forcément boire des eaux infusées ou des soupes d'artichaut, **ton corps se détoxifie chaque jour tout seul comme un grand.**

Et cela grâce à de fabuleux organes : les émonctoires ! Les émonctoires sont des organes qui éliminent les déchets et substances en excès dans l'organisme.

**Tu en as 5 principaux : le foie, le côlon, les reins, la peau et les poumons**

Lorsque ceux-ci sont dépassés par la surcharge à éliminer, viennent à la rescousse les glandes salivaires, les glandes sébacées et plein d'autres émonctoires secondaires.

Des émonctoires remplis de cochonneries vont causer plusieurs désagréments, plus ou moins ponctuels et plus ou moins graves. C'est pourquoi il est important de prêter attention à l'état de tes émonctoires afin d'éviter une surcharge de toxines dans ton corps. Par exemple :

**Pour le foie :** regarde si ta langue n'est pas trop chargée au réveil, surveille ton haleine. As-tu une perte d'appétit, un sentiment de lourdeur, une aversion pour les plats gras, des somnolences après les repas ?

**Pour le côlon** : surveille tes selles, as-tu des ballonnements ?

**Pour les reins** : ton urine est-elle bien de jaune clair à jaune d'or, limpide.

**Pour la peau :**

**Les glandes sudoripares, « mini reins » :** transpires-tu correctement ? Pas de démangeaison ?

**Les glandes sébacées, « mini foie »** : as-tu la plus peau sèche ou grasse en ce moment ? Points noirs ou boutons à tête blanche ?

**Pour les poumons** : pas de présence de glaires, crachats ? Pas de difficultés à respirer ni de sifflements ?

On a tous un capital de base différent : certains ont la peau à tendance sèche, d'autres à tendance grasse. Tout le monde a sa propre haleine et sa propre odeur corporelle. **Ce qui doit te faire réagir est un changement subit qui perdure.** Si tu as la langue blanchâtre au réveil, une haleine de chacal, des boutons sur le visage et que tu fais anormalement caca mou, MAIS qu'en même temps tu as picolé récemment en mangeant raclette/frites : TOUT VA BIEN. Ton corps évacue le trop-plein et dans trois jours tu retrouveras un teint plus frais, des selles normales pour toi et ta bouche sera à nouveau plaisante. Si tu passes d'une jolie langue rosée à une langue blanchâtre sur une période plus longue, surveille tes autres indicateurs corporels (haleine, température, digestion, transpiration, douleurs, respiration, teint…) et contacte un professionnel de santé.

---

Comment se porte chacun de tes émonctoires ? Y aurait-il une saturation quelque part ? Si oui, en connais-tu la cause ? Que pourrais-tu faire pour un retour à sa santé ?

---

La pensée de La Grenouille :
Observe régulièrement tes émonctoires,
plus tu réagis tôt, plus il est facile de leur redonner leur santé et leur plein potentiel.

# Les objectifs

**Ils doivent être S.M.A.R.T.E.F (Spécifique Mesurable Atteignable/Ambitieux Réaliste Temporel Écologique** [dans le sens du respect des valeurs] **et Fun).** En gros, chaque objectif doit être bien identifiable, son accomplissement doit pouvoir être mesuré, il doit être suffisamment ambitieux pour te stimuler, mais aussi atteignable pour te garder motivé (idem réaliste), il doit avoir une date d'exécution dans le temps, respecter tes valeurs et être agréable. **Et là tu fournis de l'énergie pure à ton cerveau qui a plus qu'à s'exécuter.**

Ton cerveau a besoin d'objectif dans la journée. Tu te revois le matin quand d'un coup tu n'as plus de raison de mettre ton réveil (ex : vacances), qu'il pleut, que tu es seul chez toi et que tu ne sais pas vraiment quoi faire ?

Tu te réveilles et tu ne sais pas quoi faire, tu traînes au lit, tu t'alimentes en faisant les fins de tiroirs, tu erres sur internet à la recherche d'un truc intéressant, tu regardes tous les comptes possibles sur tes réseaux sociaux, habillé en jogging, pas lavé... ? Bah ça, c'est le résultat d'une journée où ton cerveau avait aucun objectif à satisfaire : il t'a juste dit quand tu avais faim en te montrant la boîte de chips dans le placard et a cherché à te distraire en te montrant tout ce qu'il a pu trouver sur internet d'un tant soit peu stimulant. Résultat pour lui : mission accomplie ! Tu vas te coucher sain et sauf en ayant répondu à tes besoins physiologiques. Résultat pour toi : tu t'es autant amusé qu'un lion en cage, tu n'as rien à retenir d'intéressant de ta journée, tu te couches avec la même tête de mort-vivant que celle que t'avais au réveil.

On est là sur un parfait exemple de cerveau laissé à l'abandon. Alors attention : je ne dis pas que c'est mal ! Les journées en pyjama à enchaîner les séries en mangeant exclusivement des pop-corn ont aussi du bon ! Mais c'est comme tout dans la vie, c'est toujours mieux quand c'est toi qui le choisis !

D'autant plus que la différence est grande. Le premier cas abordé plus haut est un exemple où tu n'as pas choisi de t'ennuyer toute la journée. Si tu l'avais choisi, ça aurait plutôt donné :

Ce matin, tu n'as pas mis (ou programmé tard) ton réveil pour faire une bonne grasse matinée. Tu ouvres les yeux à 11 h 30 bien content de ton gros dodo. Tu profites de ton temps libre pour errer sur internet. À 13 h comme tu as faim tu te prépares un repas digne d'un ours préparant son hibernation, tu vas dans ton salon toujours en pyjama avec un bon gros plaid te choisir un film pour l'après-midi, le soir tu te couches avec le sourire : journée glandage validée !

Ton cerveau a besoin d'objectifs pour se programmer, sinon il reste sur le mode « instinct de survie » et fera uniquement en sorte que tu restes vivant.

**Pas besoin de lui imposer les 12 travaux d'Hercule tous les jours hein... Juste lui donner le ton** : objectif repos, objectif plaisir, objectif étude, objectif copains....

Il est bon également d'avoir des objectifs à moyen et long terme, cela structure encore un peu plus ton existence. Avec des objectifs bien définis (S.M.A.R.T.E.F.), ton cerveau peut répartir ton énergie, tes actions et accomplir les tâches demandées.

Toujours avec l'exemple N° 1, si tu avais donné à ton cerveau des objectifs plus lointains à défaut de lui donner un objectif du jour (ex : être en couple avec... trouver ta poursuite d'études, trouver un appart, vivre ta vie d'adulte à New York), eh bien ton cerveau aurait su sur quoi attirer ton attention le matin (contacter... te renseigner sur différents cursus et écoles, recherche d'appartement, d'infos sur New York).

**Pour chaque objectif réalisé, tu augmentes ta confiance en toi, tes capacités, ta zone de confort, tu modules ton identité… bref, tu te fais du bien !** Et si jamais c'est la peur de l'échec qui te paralyse, souviens-toi qu'à chaque échec ton cerveau crée de nouvelles connexions neuronales ! Oui, un échec ça rend intelligent ! Il suffit de ne pas être dans le déni de son échec, ensuite distinguer l'échec de ta personne, et enfin prendre le temps de comprendre son échec. Alors, vas-y, lance-toi : demain ton objectif c'est quoi ? Tu aimerais quoi demain ? Et dans 1 an ? 5 ans ? 10 ans ? C'est quoi, tes objectifs ?

---

Quel est ton objectif du mois, de l'année, de ces 5 prochaines années ? Pourquoi ?
Une fois ces objectifs réalisés, tu te sentirais comment ? Que peux-tu mettre en place dès à présent ?

---

La pensée de La Grenouille :
Combats l'ennui, trouve ton ikigai.

# Ton identité

Construction d'une identité :

**Naissance d'une pensée** (la tienne ou celle de quelqu'un d'autre), qui **provoque en réponse un comportement**, qui lorsqu'elle **se répète devient une habitude**, et cette habitude **à la longue crée une identité.**

Exemple :

**Naissance d'une pensée :** « tiens, j'essaierais bien la cigarette » ou un ami « tiens, tu veux une clope ? »

**Création du comportement :** je prends une cigarette et la fume ;

**Création de l'habitude :** je prends l'habitude de fumer régulièrement ;

**Durée de l'habitude :** 1 mois ;

**Identité créée :** fumeur.

C'est valable pour tout : identité de fêtard, de couche-tôt, de colérique, de jovial, de travailleur, de glandeur…

**Tout dépend simplement d'une habitude que tu as prise.** Ton identité, c'est le reflet de tes habitudes vu par le monde.

**Exemple :** tu es étudiant, la semaine tu suis ta formation dans une autre région, tu as donc un nouveau cercle d'amis. Avec ce cercle d'amis, tu as régulièrement décliné des invitations, préférant travailler et te coucher tôt. Tu as donc pour eux ton identité de travailleur couche-tôt.

Le week-end, tu retrouves tes amis de longue date, tu ne rates jamais une ni une sortie ni une soirée. Tu as donc pour eux une identité de fêtard qui ne travaille pas ou peu.

Es-tu véritablement l'un ? Es-tu véritablement l'autre ? D'instinct, tu choisiras toujours une justification à l'identité qu'on te colle et avec laquelle tu es en désaccord « nan, mais c'est juste que là je ne peux pas j'ai du retard dans mes cours » ou bien « nan, mais je bosse la semaine, vous savez ». La vérité est que tu es tout simplement les deux, ce sont les autres, au vu de ce qu'ils perçoivent, qui t'attribuent une identité.

Libre à toi de te construire et de te déconstruire une identité, tu es qui tu as envie d'être au moment où tu le décides. Tout est une question d'habitude.

---

Quelles identités as-tu au sein de ta famille ? Auprès de tes amis ? Des inconnus ?
Lesquelles te servent ? Lesquelles te desservent ?
Aimerais-tu en changer ? Pourquoi ?

---

La pensée de La Grenouille :
Fais le bilan de temps en temps,
entre ce que tu es selon toi, selon les autres et ce que tu voudrais être.

# Le sport

**Il peut être ton plus grand allié ou ton pire ennemi : tout dépend de tes choix.**

Tout d'abord, il faut bien le choisir et surtout le choisir en conscience. **Il est important de choisir un sport fait pour toi. Un sport qui te parle, qui te séduit, qui te convient.** Un sport choisi par rapport à tes valeurs, tes besoins, tes envies, tes plaisirs. Si tu choisis un sport pour faire plaisir à… déjà ça part mal. Si tu choisis un sport par rapport à un problème (surpoids, incapacité…) ça ne part pas mieux, puisque tu axes ton choix sur une chose négative (mauvaise image de toi, blocage…) Si tu choisis un sport parce que ça a réussi à untel, tu ne fais pas un bon choix non plus : chaque personne est unique, ce qui convient à X ne convient pas forcément à Y.

Il te faut choisir un sport pour toi, **il faut axer ton choix sur une capacité, une qualité non pas sur une problématique.** Tu ne choisis pas ce sport parce que tu trouves que tu as un gros c*l, tu choisis ce sport pour embellir tes fesses. C'est tout con, mais l'état d'esprit n'est plus du tout le même. Dans le premier cas, tu vas aller à la salle en cachant tes fesses et en enviant celles des autres. Dans le second cas, tu y vas en partant d'un constat et en allant vers un idéal. Dans l'un tu te caches, dans l'autre tu t'assumes. Dans l'un tu y vas frustrée dans l'autre tu y vas motivée.

**Il faut choisir un sport qui te procure du plaisir. Il doit te faire du bien au corps et à la tête. Ce doit être un moment de plaisir et non de torture.** C'est un sport qui doit te permettre de t'affirmer tel que tu es, il doit faire ressortir ce que tu es vraiment. Une personne artistique ne fera pas le même sport qu'une personne qui ne l'est pas. Une personne compétitrice ne va pas apprécier le même sport qu'une personne qui ne l'est pas. Une personne axée sur son apparence n'ira pas vers le même sport qu'une personne qui s'en moque. On a tous nos propres valeurs, nos propres centres d'intérêt, notre propre vision du plaisir, nos propres facultés. Tu n'as pas forcément les mêmes que ta famille, tu n'as pas forcément les mêmes que tes meilleurs amis. Tu as les tiens et c'est eux que tu dois honorer.

**Le sport exacerbe tes valeurs il te permet de t'affirmer.** Si tes valeurs sont l'esprit d'équipe et l'atteinte d'objectif, il y a de fortes chances pour que tu t'épanouisses dans un sport collectif où le score est important (handball, rugby, basket, etc.) Si tes valeurs sont l'indépendance et l'atteinte d'objectifs, un sport où tout ne tient qu'à ta propre capacité t'épanouira (athlétisme, tir, golf...) Si tes valeurs sont l'expression de soi et la solidarité, il te faudra aller vers un sport artistique de groupe (danse, cheerleading, gymnastique...). Si tes valeurs sont l'expression de soi et la combativité, alors un sport de combat ou un art martial peuvent te séduire (karaté, boxe, capoeira...).

**Alors une fois que tu auras découvert ce ou ces sports qui te correspond(ent), là tu découvriras réellement les véritables bienfaits du sport.**

Une activité physique :
– Maintient ton corps en bonne santé physique ;
– Réduit le stress ;
– Permet d'extérioriser tes émotions ;
– Donne de la valeur à l'entraînement et l'effort ;
– Apprend à essuyer des échecs et s'en relever ;
– Augmente tes capacités motrices ;
– ...

**De plus, chaque sport pratiqué et maîtrisé représente également une activité à reproduire par plaisir une fois adulte.** Par exemple : apprendre à skier, à surfer étant enfant te permettra de t'amuser l'été comme l'hiver une fois adulte.

---

Fais-tu du sport ? Pourquoi ? Aimerais-tu y changer quelque chose ? Pourquoi ?

Que peux-tu mettre en place dès demain pour amorcer ce changement ?

---

La pensée de La Grenouille :

Le sport, comme beaucoup d'autres choses,

doit se faire et se vivre pour soi-même, non pour les autres.

# L'alcool

**Pour commencer, je vais t'expliquer ce qui se passe dans ton corps quand tu picoles.**

Quand tu es stressé, tu as des récepteurs au niveau de tes neurones qui s'ouvrent pour faire passer une molécule de chlore. Le chlore calme l'activité du neurone, ça te déstresse. C'est un mécanisme naturel et automatique de ton corps.

Quand tu picoles, il y a dans l'alcool (fort ou non) de l'éthanol qui va ouvrir en grand ces mêmes récepteurs et y faire entrer un bon paquet de chlore, trop de chlore. C'est le moment où tu te sens détendu après avoir bu, où tu te « sens bien » (un peu trop peut-être). C'est là qu'il est intéressant de s'arrêter afin de « profiter » de ce moment et laisser le temps à ton corps d'assimiler d'alcool.

Autrement l'alcool va tromper ton oreille interne : il envoie des signaux comme si tu bougeais alors que tu es fixe. **C'est là où les gens commencent en général à ne plus marcher droit, à tituber,** voire à tomber.

Ton corps se doutant bien qu'il se passe un truc anormal, il va essayer de réagir et d'éliminer cet alcool (donc là déjà à ce stade tu as trop bu). Ton foie va essayer de changer la molécule d'éthanol (substance nocive qui te rend bourré) en molécule inoffensive. Mais pour en arriver à une molécule inoffensive, il doit passer par une phase où la molécule est encore plus nocive pour ton corps que l'éthanol.

Quand tu bois « tranquille », ton corps a le temps d'exécuter toutes les phases, et transforme les molécules comme il se doit.

Quand tu bois « trop » ou « trop vite », ton foie n'a pas le temps d'exécuter les trois phases correctement et se met à stocker la molécule dangereuse dans ton organisme. **C'est à ce moment que tu ne te sens pas très bien** et devant un excès de molécules dangereuses, ton corps finit par te faire vomir pour extraire ce poison.

Concernant ton mal de crâne le lendemain, **il s'agit « tout simplement » d'une déshydratation**. L'alcool ça a beau être liquide, ça n'hydrate pas. Donc, mal hydraté tu as mal à la tête. Pour éviter cela, bois de l'eau.

Si tu as peur de passer pour une « mauviette » en buvant de l'eau devant tes amis : bois après la soirée, avant de dormir. Ça t'évitera aussi cette sensation de bouche en sable et de salive pâteuse au réveil.

Parce que oui, après les apéros, il y a les lendemains d'apéro et c'est toujours plus sympa de ne pas avoir un mal de crâne, la bouche dégueu et passer sa journée en P.L.S

Pour ce qui est des différents alcools sur le marché, tout dépendra de la mode au moment où tu deviendras consommateur. Cependant, sache qu'il existe des phénomènes de groupe autour de l'alcool. En fonction de l'alcool choisi, tu dégages une certaine « image » pour les gens t'entourant.

Par exemple à mon époque : une fille qui buvait du whisky c'était un « bonhomme », un garçon manqué, une « dure à cuire ». Le gin-tonic était LA boisson qui fait trop classe avec la lamelle de concombre ou autre, ça montrait que tu étais distinguée, à la mode.

Il est donc fort possible qu'à ton époque, surtout jeune, il y ait des a priori sur l'alcool consommé.

---

Savais-tu ce qui se passait dans ton corps lorsque tu buvais ?
Comment bois-tu ? Quand ?
Combien de fois as-tu vomi ? Comment te sens-tu le lendemain ?
Qu'est-ce que tu pourrais rendre meilleur dans ta consommation d'alcool ?

La pensée de la Grenouille :
Demande-toi la raison de ta consommation.
Plus elle est récréative, raisonnée et ponctuelle, mieux ça va.
Plus elle est compensatrice de quelque chose, importante et régulière,
moins ça va.

# Les traditions

**Réfléchissons à « pourquoi faisons-nous telle ou telle chose »** ? D'où viennent nos traditions et nos habitudes ? Pourquoi la corrida ? Pourquoi se lever tôt pour travailler ? Pourquoi manger à 8 h, 12 h et 20 h ? Pourquoi on fait tous les mêmes choses ? Ça vient d'où ?

Une expérience a été faite auprès de singes, qui je trouve, répond bien à ces questions.

Un groupe de singes est choisi. Une banane est mise à leur disposition, mais lorsqu'un singe essaie de la prendre, le groupe entier se fait tremper avec de l'eau. Avec le temps, les singes du groupe comprennent la causalité et se mettent à agresser chaque singe qui essaie de prendre la banane. Au fur et à mesure, un singe est remplacé par un nouveau. Bien entendu, le nouveau singe essaie de prendre la banane et se fait frapper par les autres singes pour éviter que tous se fassent tremper. Avec le temps, tous les anciens singes sont remplacés par de nouveaux singes qui n'ont jamais pris la banane, car frappés avant par leurs congénères. Le système pour asperger d'eau les singes est retiré. Résultat : aucun des singes n'a été personnellement aspergé d'eau, la banane est atteignable sans aucune punition et pour autant aucun des singes n'essaie de s'en saisir. **Si ces singes pouvaient parler, ils sauraient expliquer qu'ils ne la prennent pas parce que les « anciens » leur ont dit que s'ils le faisaient, ils allaient tous se faire tremper. Mais ce n'est plus d'actualité en réalité, le système de punition ayant été supprimé.**

**Nos traditions semblent être tout simplement cela.** À un moment donné, un groupe d'individus s'est entendu sur un système de croyances, un système d'accomplissement. D'année en année, cela s'est transmis de génération en génération. Si bien qu'aujourd'hui on le fait de manière automatique sans vraiment en connaître la raison. Combien de fois à la question « pourquoi on fait ça ? », on répond bêtement « parce que c'est comme ça » ?

Je n'écris pas au sujet des traditions pour les démolir et dire « Non-non-non à la corrida » « Marre de manger à midi » ou « non à la dictature du réveil ». Seulement pour interroger sur ce qui nous pousse à faire les choses. Reprenons notre libre arbitre. Cessons de bêtement reproduire les idéaux de nos anciens alors même que nous vivons dans une époque bien différente, et ce sous prétexte que c'est « l'ordre établi ». L'ordre établi par qui ? Par un groupe d'individus à un moment de notre histoire. Cela suffit-il à ce que cela soit immuable ? Avons-nous moins de valeur que les Hommes de cette époque ? **Nous** sommes la civilisation, nous constituons le monde d'aujourd'hui et nous créons le monde de demain.

---

Quelles habitudes ou traditions ancrées dans notre société te conviennent ?

Quelles habitudes ou traditions ancrées dans notre société ne te conviennent pas ?

Pour quelles raisons ? Penses-tu être la seule personne à penser comme cela ?

---

La pensée de La Grenouille :
Agis par conscience, en conscience.
Cela évite de suivre bêtement en se demandant (trop tard) pourquoi.

# Les différentes approches du sexe

N'ayant aucune volonté de m'accaparer le travail d'autrui, ce que je vais vous dire brièvement ici est un simple résumé du travail de Laura Pynson. Je l'ai « connu » lors d'un sommet en ligne, son intervention était magique, professionnelle, transformante. Je vais me contenter ici de décrire sommairement le sujet de manière à planter une petite graine qui pourra peut-être germer chez vous. Je n'utiliserai pas les termes techniques, mais uniquement mes mots afin de ne pas m'accaparer d'une quelconque manière son superbe travail.

Il existe **4 différentes manières d'aborder le sexe**. Nous avons un peu de toutes ces façons en nous, l'une étant parfois plus ancrée. Nous pouvons aimer la **douceur, la bestialité, l'aventure, la connexion ou bien avoir besoin de ces 4 régulièrement.** Cela dépend de plusieurs facteurs.

**Cela n'est bien entendu pas « figé », cela évolue, change.**

Néanmoins, c'est un détail à prendre en compte puisque le sexe ne se pratique pas (que) tout seul.

Ce qui veut dire que ces 5 façons peuvent s'exprimer en vous, mais aussi en votre partenaire / vos partenaires.

**Chaque tempérament possède des avantages et des inconvénients.**

Un tempérament bestial offrira une spontanéité, sincérité, facilité d'action, mais peut, quand c'est dans l'excès, devenir trop centré sur le génital, sur la performance. Je trouve très enrichissant de connaître le panel de possibilités, de visions de l'acte, les bons côtés et les travers qui peuvent s'immiscer.

Un tempérament sensitif va être sensuel, prendre le temps de savourer, être à l'écoute du partenaire, mais peut, quand c'est déséquilibré, s'enfermer dans une autocritique constante et une difficulté à lâcher le mental. Bref ! Vous avez compris l'idée des tempéraments, du tempérament majoritaire, de l'idée du bon et du mauvais côté... Sache que rien n'est figé : tu peux être l'un, puis l'autre, puis les deux... ou même tout ça en même temps ! **Il n'y a pas de bons ou de mauvais « résultat ».** Dans un couple, il est possible que les deux (ou plus) personnes présentent le même profil ou bien des profils différents. Là non plus il n'y a pas de « bon » ou de « mauvais » cas de figure. Dans tous les cas, **la connaissance de soi, de l'autre, l'acceptation et la communication sont les clés qui vous permettront de vous exprimer chacun pleinement dans votre sexualité**, avec le respect de vous-même et de votre partenaire(s) afin de vivre (seul et ensemble) une sexualité épanouie. Je ne suis pas Laura Pynson, n'hésite pas à te tourner vers elle, c'est le fruit de son travail. Plus que ce simple résumé, elle saura t'accompagner sur ce chemin de la découverte de soi, de ta sexualité et de comment la sublimer. Je ne fais que transmettre mon retour de la conférence (qui était ouverte à tous).

---

Comment te qualifierais-tu sexuellement ? (Bestial[e], sensuel[le], aventurier[e], connecté[e], un mélange de tout ça ?) Comment qualifierais-tu ton/ta partenaire ? Comment se qualifierait-il/elle ? Vos échanges sexuels sont-ils à l'image de vous, de toi, de lui/elle ?

---

La pensée de La Grenouille :
Il est difficile d'obtenir une chorégraphie synchronisée
entre un breakdancer et un pro de la lambada
Le sexe est une danse à deux.
Le résultat tient à chaque partenaire,
mais surtout à ce qu'ils font ensemble.

# La dualité

**Dualité** : n.f. Caractère de ce qui est double en soi ou composé de deux éléments de nature différente. Contraire : unité. (Larousse)

Alors je suis d'accord avec la définition et son contraire (qui serais-je pour remettre en doute une définition du Larousse ?), mais qu'on se mette d'accord sur un point s'il vous plaît : L'UN N'EMPÊCHE PAS L'AUTRE !
ON PEUT ÊTRE UNI DANS LA DUALITÉ.

La définition entière du Larousse cite la dualité de l'être humain. Oui, il existe une dualité dans chaque être humain, sommes-nous dispersés pour autant ? La part de nous qui aime le chocolat se dirige-t-elle avec son sac à dos vers le marchand de glace pendant que la part qui veut maigrir opère un demi-tour ? Les deux, ayant un avis contraire, se séparant définitivement ? Non. On reste entier, les deux parts restent unies en nous, on accepte ces situations de dualité, où le « petit ange » et le « petit démon » se lancent dans un débat. Alors oui ça se chamaille un peu dans notre tête, le « pour » et le « contre » avançant chacun leurs arguments, mais on reste entier, uni, que l'on ait craqué ou résisté, on en sort plus fort dans tous les cas, vu que chacune de ces parties a à la fois tort et raison.

**On incarne la dualité, c'est un fait.** Refais-toi dans ta tête le listage de toutes ces fois où tu as été tiraillé par deux idées ou deux envies contraires, où tu as dit blanc alors que tu pensais noir, où tu avais fait une chose alors qu'une partie de toi ne le souhaitait pas, etc.

ça donne le vertige non ? Je suis prête à parier que tu en as déjà trouvé pas mal. Reprends quelques-unes de ces situations et imagine que tu as pris l'autre décision, cela aurait-il remis toute ta personne en question ? Pour chaque cas de manière isolée, si tu avais dit « oui » à la place de « non », aurais-tu eu complètement tort ou complètement raison ? Serais-tu devenu une personne à l'opposé de tes valeurs, de tes principes et de ta personnalité actuelle ? Dans la majorité des cas, probablement pas. La dualité vient s'immiscer dans de nombreuses situations, parfois des plus banales. Elle fait partie de nous.

Il serait grand temps qu'après plus de 4 millions d'années d'existence (depuis les australopithèques) **on se foute la paix avec cette dualité.** L'Homme a un esprit de dualité : on va désirer quelqu'un ou quelque chose, mais aller vers un/une autre, avoir envie d'une chose, mais se refréner, on va se faire plaisir, mais culpabiliser de le faire, faire un choix puis le regretter, on va s'offrir une histoire, mais faire dans sa tête le scénario d'une autre, etc. **La raison, le cœur, les envies, les moyens, les pulsions, la morale, les libertés, le vivre-ensemble...** toutes ces choses font partie de nous, toutes ces choses nous animent, toutes ces choses sont belles, mais ne peuvent être en accord à chaque événement de notre vie. Bien sûr, notre cœur et notre raison peuvent s'accorder, nous pouvons nous offrir les moyens de nos envies, avoir des pulsions morales et nous offrir des libertés qui n'incommodent personne ! Mais c'est rarement le cas à chaque instant de notre vie. Et **nous nous sommes tous construits grâce à cela !** C'est en écoutant sa raison à défaut de son cœur que l'on a eu les premières déceptions amoureuses qui nous ont forgés, c'est en ayant des envies au-dessus de ses moyens que l'on a appris à gérer son argent, c'est en ayant des pulsions que l'on a découvert ce qui est moral ou non, c'est en s'accordant « trop » de libertés que l'on nous a rappelé le « vivre-ensemble » ...

**Apprends à danser avec ta dualité, apprends à regarder ces deux faces de toi comme deux faces d'une même pièce.** Exprime-les, les deux. Renonce à cette glace au chocolat et sois fier de ta capacité à être maître de toi et à être déterminé dans ton régime ; la semaine d'après, craque pour cette glace au chocolat et sois fier de savoir t'honorer et te faire plaisir. Il n'y a ici aucun mauvais choix, juste un combat de pensées, qui seront tranchées grâce à tes valeurs. Si ta valeur c'est manger sain, penser santé, avoir un corps « fit » alors le deuxième choix pour toi est impensable. Si ta valeur c'est le plaisir du goût, te satisfaire, les moments agréables, alors le premier choix te semble inenvisageable. C'est quand tes valeurs sont un ensemble des deux précédemment citées que le choix devient plus dur. **Tu comprends donc que ta dualité montre tout simplement tes nuances.** Et quoi de plus beau qu'un être humain représentant un nuancier bien garni et volant d'une couleur à l'autre dans le seul but de se réaliser (dans le respect de soi-même et des autres) ? Moi je trouve ça beau, moi je veux un monde rempli de milliards de nuanciers multicolores qui s'échangent les couleurs qu'ils n'ont pas comme des cartes Pokémon.

**Arrêtons de nous focaliser bêtement sur le noir ou le blanc.** Je n'ai pas la télévision, mais lorsque je vais voir mes grands-parents la télévision est souvent allumée et je suis choqué de cette vision noir et blanc de la société. Ce combat permanent où les idées traitées sont extrêmes et opposées les unes aux autres, où tout semble binaire. **« Diviser pour mieux régner »,** ça te dit quelque chose ?

Il s'agit d'une stratégie ayant pour but de semer la discorde et d'opposer, car l'union permettant d'augmenter les moyens, cela pourrait faire tomber le pouvoir en question.

Et comment pourrions-nous semer la discorde et opposer les individus dans un monde de nuanciers ? Et bien tout simplement en ne retenant et en ne montrant d'eux que les couleurs les plus extrêmes et pouf ! Nous voici dans un monde bicolore, ou la dualité est montrée comme un combat des extrêmes avec un côté bon et un côté méchant. **Soyons plus intelligents que ça s'il vous plaît.**

Rappelle-toi les dîners en famille ou entre amis, ce moment où la discussion tourne autour de la politique ou de l'éducation des enfants. Rappelle-toi quand l'un d'entre vous a donné son avis avec des arguments qui ne t'ont pas plu. Dans la majorité des cas, même si vous êtes quasi à 100 % contre sa vision, tu restes à table et tu gardes le contact avec cette personne. Tu sais que ce n'est qu'un point qui vous oppose, qu'elle a probablement des raisons qui lui sont propres. Peut-être que vous n'aborderez tout simplement plus ce sujet ensemble ou bien peut-être que vous le réaborderez tout de même. Dans tous les cas, tu ne te permettras pas de noircir totalement cette personne sur un simple désaccord, tu continueras de voir sa lumière, son nuancier de couleurs. Alors, pourquoi ne pas le faire avec le reste du monde ?

**Sortons de cette dualité négative et binaire.** Ouvrons-nous à la dualité aux multiples facettes, au champ des possibles, à l'acceptation de soi et des autres.

---

Quelles sont les pensées, valeurs, décisions qui se font face régulièrement en toi ? (Par exemple sur des sujets tels que : santé/plaisirs, travail/personnel, soi/les autres, amour/raison…)
Comment tranches-tu parmi ces choix ? N'écoutes-tu que l'un, que l'autre, les deux ?
Que penses-tu des gens qui font l'inverse de toi dans ces moments ?

---

La pensée de La Grenouille :
Ne pas oublier :
« Il n'y a que les cons qui ne changent pas d'avis ».

# Rendre à césar ce qui appartient à César

Je ne sais pas toi, mais parfois je me sens petite, toute petite. Comme un tout petit grain de sable dans le Sahara, comme un pion dans un immense jeu d'échecs.

Je vois ce qui se passe autour de moi avec cette impression que ça m'échappe, que tout ce que je peux faire c'est amortir les chocs. Eh bien je me trompe. Je ne suis pas petite. Je ne suis pas un pion. Pas plus que vous d'ailleurs. On n'est pas des pions, on est des pièces d'un immense puzzle : sans nous, sans une seule petite pièce, point de puzzle achevé.

**Tout ce qui crée ce monde est parti de l'idée de quelqu'un ayant pour but de répondre à un besoin ou une envie. Toutes les idées qui perdurent sont celles qui ont séduit le plus de personnes.** Qu'est-ce qu'une idée brillante si personne ne la suit ? Il faut une certaine acceptation du groupe pour permettre l'émergence d'un produit ou d'un service. Point de produits ou de services pérenne si personne ne l'utilise.

Comme disait Coluche « **quand on pense qu'il suffirait que les gens n'achètent plus pour que ça ne se vende pas** ». Et cela est valable pour tout : l'alimentation, les loisirs, l'équipement, les programmes télévisés, les livres, les prestations de services... Vous avez le pouvoir de faire vivre ce livre en le lisant, en le partageant, en communiquant autour de vous et en l'offrant, ou bien vous pouvez le faire mourir en cessant là sa lecture, en le détruisant et en taisant son existence. Et je tiens à insister sur le dernier terme « **en taisant son existence** », c'est là l'action la plus forte de nos jours : taire l'existence de... À notre époque, parler fait vendre, parler de quelque chose en mal c'est aussi participer à sa promotion (il suffit de prêter attention à certains scénarios d'émissions pour voir que « choquer » est devenu une stratégie marketing). **Nous avons tous le pouvoir d'ignorer, de taire et de rendre insignifiant ce que l'on refuse.**

Cesse donc de penser que ce n'est pas toi, à ta petite échelle, qui peux faire quelque chose. Bien sûr que si, **tu ne t'en rends pas compte, mais nous sommes tous des influenceurs.** On influence en permanence notre monde. Ta famille, tes amis, tes collègues, les inconnus que tu croises, tu les inspires sans le savoir. Par ta tenue vestimentaire, ton régime alimentaire, ton activité sportive, ton activité professionnelle, tes hobbies, tes achats... autant de graines semées qui pourront germer dans leurs têtes. Comme disait Gandhi « devenez le changement que vous voulez voir dans le monde ».

---

T'a-t-on déjà copié sur quelque chose ? A-t-on déjà demandé ton avis sur un sujet ?
Pour quelles personnes es-tu important(e) ? Donnes-tu ton argent uniquement pour des causes que tu soutiens pleinement ? Donnes-tu de l'audimat uniquement des émissions que tu défends ? Qui sont les personnes qui t'inspirent ? Sont-elles toutes des célébrités ?

---

La pensée de La Grenouille :
Fais en sorte que si demain tu apprenais que ta vie avait été filmée,
tu puisses être fier et en accord avec ce qui a été dit et fait.

# La musique

Tu l'auras remarqué, les goûts en termes de musique changent d'une génération à l'autre. Chaque génération jugeant l'autre (avant ou après nous) à coups de « mais ce sont des musiques de vieux ça ! » et « ah ces musiques de jeunes alors... c'est plus ce que c'était, à mon époque au moins [...] »

Mis à part ce pseudo-problème générationnel, la musique est quelque chose d'exceptionnel.

Outre émettre des sons et casser un silence parfois pesant, la musique possède de réels bienfaits. Des bienfaits qui peuvent changer la vie quand on y prête attention. Elle a, à mon sens, des bénéfices primordiaux :

### – La sociabilité

Aimer un style de musique plus que les autres représente souvent autour de l'adolescence et même par la suite, une certaine « adhésion » à un « groupe ». Par un goût commun pour une musique ou pour La musique, on se rapproche de personnes partageant les mêmes appréciations. Cela fait un sujet de discussion, de partage, de sorties, allant parfois jusqu'à une identité vestimentaire et comportementale. Le fameux « groupe » qui écoute du reggae, fume des pétards, et se rebelle contre ce système trop autoritaire et rêve d'une communauté harmonieuse de paix et de liberté. Ou celui qui écoute de la musique « hard » style hard rock/emo, dont les membres se cachent derrière une mèche de cheveux trop longue et s'habillent tout de noir, noir comme ce monde qui va mal où putain c'est trop pourri de vivre. Ce groupe de nanas qui est à la pointe des nouvelles chansons, qui suivent leurs idoles en adoptant la panoplie parfaite de la super pétasse - super fille trop à la mode quoi. Ou bien encore, ce petit groupe d'initiés qui ne partagent des sons qu'entre « eux », qu'ils arrivent à dégoter par des amis et des amis d'amis, et qui ne supportent pas quand cette chanson finit par être connue, parce que « c'était notre musique ». Le mec mystérieux qui joue trop bien de la guitare, un peu discret avec son style « à part », mais quand même assez tendance pour pas se faire critiquer... il y en a un paquet à citer pour ma génération, qui ressemblait comme deux gouttes d'eau à celle de mes parents et qui ressemblera probablement aussi comme deux gouttes d'eau à ce que tu connaîtras.

Comme pour tout, je n'aurai qu'un seul conseil à te donner : avoir une identité, un groupe, cela présente beaucoup d'avantages. Mais plus tu élargis ton horizon, ne serait-ce qu'en admettant l'existence d'autres identités et en acceptant leurs valeurs, tu t'ouvriras à diverses expériences plus enrichissantes les unes que les autres. Par exemple, étant jeune j'adorais le dancehall qui débutait à peine en France. Cela collait avec ma personnalité (me juge pas), ça collait avec mes fréquentations, cela m'a permis d'être en avance sur les chansons qui passaient en boîte et donc sur les chorégraphies, bref ce furent des moments de gloire pour moi. Puis avec le temps, je me suis retrouvée dans un cercle proche essentiellement composé de personnes plus âgées que moi (en moyenne +10ans), j'ai appris à mettre de côté ma musique de gamine pour apprécier un nouveau genre plus mature. À mettre mes compétences en dancehall dans des danses plus classiques. Cela m'a permis d'élargir mon répertoire, d'avoir une meilleure culture musicale, de me démarquer en montrant mon ouverture d'esprit, tout en gardant mon amour pour le dancehall.

## – La gestion émotionnelle

La musique accompagne la gestion des émotions. Quand tu as envie de pleurer, tu peux écouter une chanson triste pour évacuer cette tristesse rapidement ou écouter une chanson joyeuse pour étouffer ta peine et sourire malgré tout. Quand tu es en colère, tu peux mettre une chanson qui te défoule pour hurler dessus en gesticulant plutôt que crier sur quelqu'un ou dans le vent, ou bien écouter une chanson calme pour apaiser tes nerfs. Quand tu as peur, tu peux écouter une chanson motivante pour te donner le courage nécessaire. Bref, la musique est à user et abuser dans tous les états d'âme possibles. Elle permet de faire sortir ce qui a à sortir de la manière dont tu le souhaites. Et tu n'es même pas obligé de le partager avec tout le monde, cela peut tout à fait être un moment privé. La musique est un outil simple qui peut s'avérer être un super allié.

### – La motivation / L'état d'esprit

Que tu le veuilles ou non, tu « deviens » plus ou moins la musique que tu écoutes (celle que tu écoutes en boucle). Sans pour autant t'habiller, parler et te décorer à l'effigie de ton idole, tu deviens quand même petit à petit ce que tu écoutes. Exemple : quelqu'un qui écoute en boucle des chansons avec des paroles dynamiques, avec un aspect courageux/fort, par conséquent il passera une grande majorité de son temps à écouter et chantonner des paroles du style « ce qui ne tue pas rend plus fort, je me relève toujours, j'irai au bout de mes rêves » sur des airs entraînants qui amènent à lever la tête et l'agiter, lever les bras, bref, à avoir des attitudes de personne forte. Quelqu'un d'autre qui écoute des paroles pleines de peines de cœurs, de souvenirs douloureux, et passera donc une bonne partie de son temps avec des mélodies lentes et tristes en chantonnant des « sans lui je ne suis rien, il y a tellement des gens qui meurent de faim, pourquoi ce monde, pourquoi je vis » aura probablement un langage corporel plus introverti et abattu. La musique c'est comme un état d'âme, un leitmotiv. L'une écoutera des phrases répétées en boucle optimistes, l'autre pessimistes. Il y a de fortes chances pour que ces deux personnes aient des personnalités différentes, l'une affirmée et l'autre plus anxieuse. Plus tu t'entoures dans ton monde d'ondes optimistes, de force, plus cela se répercutera sur toi. Écoute la musique qui te parle à toi, qui te mets en joie, qui te centre sur ce que tu trouves important.

*Tout en respectant ton entourage bien sûr ! Ce n'est pas parce que jouer de la clarinette te procure de la joie qu'il est bon de le faire à 2 h du matin quand tu as des voisins !*

---

Écoutes-tu de la musique en fonction de tes émotions ? Arrives-tu à faire sortir tes émotions ou à retrouver la joie grâce à la musique ? À quelle fréquence écoutes-tu TA musique, celle qui te fait vibrer ? Écoute une fois par semaine TA musique, seul(e) avec des écouteurs ou un casque. Une musique de ton adolescence, de souvenirs heureux, de moments de force. Écoute une musique qui te fait vibrer et lâche-toi. Danse comme un enfant, chante (juste ou faux), c'est un très bon moyen de retrouver de l'énergie et le moral.

---

La pensée de La Grenouille :
Écoute régulièrement ce qui, pour toi, pourrait représenter ton
« hymne ».

# Diviser pour mieux régner

Es-tu pour une planète plus propre, une meilleure gestion des déchets ?

As-tu eu dans ta vie des moments difficiles à passer ?

Es-tu pour de meilleurs traitements pour les animaux d'élevage intensif ?

Aimerais-tu un meilleur avenir pour toi et les générations futures ?

En as-tu marre des inégalités de droits et de devoirs qu'il existe au sein même de notre société ?

Es-tu contre les extinctions d'espèces animales et/ou végétales ?

As-tu l'impression que notre société est parfois injuste et inégalitaire ?

Aimes-tu les moments avec tes proches ?

Es-tu du style à les aider quand ils en ont besoin ?

Es-tu contre la maltraitance animale ?

Est-ce que parmi tes attentes il y a « mettre ton foyer en sécurité, loin du manque et du besoin », « vivre libre avec ceux qui te sont chers » ?

En as-tu marre des bouchons, des métros et trams bondés ?

Aimerais-tu exercer (ou exerces-tu) un travail qui te plaît ?

Si tu avais la possibilité de gagner dès demain 850 euros de plus par mois, accepterais-tu ?

Penses-tu que l'on gâche trop de choses à notre époque (nourriture jetée, produits jetables, dégénérescence programmée, etc.) ?

Préférerais-tu pouvoir acheter des produits 100 % français (pensés, fabriqués en France et avec des matières premières françaises) si tu le pouvais ?

Trouves-tu que la situation actuelle des agriculteurs et fermiers français est injuste et malheureuse ?

Trouves-tu injuste et inéquitable la répartition des richesses ?

Penses-tu que la politique depuis plusieurs années ne résout pas efficacement les problèmes de notre société ?

Si tu pouvais acheter des outils, appareils, linges, meubles, etc. avec la même durée de vie que ceux de nos grands-parents, le ferais-tu ?

As-tu envie parfois de trouver un bout de terrain, d'y construire ta maison avec tes proches, de pouvoir y vivre à votre manière ?

Aurais-tu aimé changer ton année de naissance si c'était possible, pour naître une autre année ?

**Je suis prête à parier que tu as répondu « oui » à 12 questions minimum sur 22. « Évidemment en même temps ce sont des questions bateaux... tout le monde pense pareil ! » Et justement...**

Tout le monde pense pareil ! Essaie donc de poser ces mêmes questions à ton entourage, à ton voisin, ton coiffeur, au premier piéton que tu croises, à un inconnu dans le bus : ils répondront probablement pareil.

**À l'heure où on polarise de plus en plus la population, il serait grand temps de respirer un grand coup et de regarder autour de nous.** Dans notre monde à nous, pas celui de nos écrans. Parce que dans notre monde, celui que l'on voit de nos propres yeux, que l'on sent de notre propre nez, que l'on touche de nos propres mains, où l'on sue de nos propres pores : on est tous semblables. On se pose tous les mêmes questions, on a tous les mêmes craintes, on aspire tous à la même chose. Peu importe notre origine, notre couleur de peau, notre statut professionnel, notre statut social, notre revenu, notre logement, nos fréquentations : sur le fond, on est pareil, c'est la forme qui change.

On a tous les mêmes problèmes, ce sont les solutions que l'on apporte qui divergent.

**Si au lieu de manifester contre quelque chose (une décision, une politique, une catégorie de personnes, des actes...), on manifestait pour ce que l'on désire (plus de droits, plus de moyens, plus d'équité...) on serait des millions dans les rues.** Qui se dit « ah non moi ça va, je ne changerai rien à l'ordre établi, tout est parfait, je suis en accord avec tout, ma situation ne peut être mieux, ce monde reflète complètement qui je suis, et ce, dans tous les domaines » ? Probablement personne.

Seulement, voilà, on politise tout, on catégorise tout, on divise tout, on caricature tout. Tout et tout le monde. Enfin « on », pas véritablement. J'ai côtoyé différents types de personnes, je suis allée dans différents types d'endroits. J'ai fait des soirées dans des caves d'HLM avec la musique sur le portable et une bouteille d'alcool du monoprix. J'ai fait des soirées accompagnées de personnes aisées dans des milieux luxueux où j'ai croisé des vedettes. J'ai mangé dans des restaurants gastronomiques et au kebab du quartier de la gare. J'ai travaillé dans le social avec des personnes contraintes d'avoir une aide pour leur essuyer les fesses et dans une thalassothérapie luxueuse où j'ai massé un prince. J'ai été en couple avec un homme/enfant de mon âge et en couple avec un homme de 11 ans mon aîné. **Bref, j'en ai côtoyé des gens et des milieux différents.** Et je peux vous dire quelque chose : **toutes les personnes croisées sont formidables, TOUTES.** Du chef d'entreprise au chômeur, du plus puéril au plus mature, du casanier au pilier de bar, du plus pauvre au plus riche, du plus vieux au plus jeune, tous sans exception. **Ils m'ont tous grandie et ils m'ont tous appris quelque chose, à leur manière.** Et je suis sûre que c'est pareil pour toi.

Je suis sûre que tu as un exemple de rencontre inattendue, de situation impromptue qui t'ont sorti de ta zone de confort et t'ont grandi. Une phrase prononcée par une personne bien différente de toi qui finira par germer dans ton esprit et faire éclore quelque chose de beau. Une personne à l'opposé de tes habitudes et de tes pensées qui te secoue, t'agace et t'intrigue en même temps. Encore une fois, je suis sûre que tu réponds « oui » à au moins l'une des trois affirmations précédentes.

Comme je suis également sûre que tu as (comme moi) l'exemple d'une personne dans ton entourage proche qui a déjà dit ou fait un truc complètement stupide et révoltant, et que tu as malgré tout pardonné et accepté, parce que tu sais qu'au fond c'est une bonne personne.

**Alors, pourquoi s'entêter à se diviser et se caricaturer les uns les autres ?** Pourquoi continuer de penser qu'il y a que les bisounours écervelés qui peuvent s'aimer et se tolérer les uns les autres ? Pourquoi continuer de tolérer cette polarisation ?

Imagine que l'on cesse d'écouter ces sondages, ces caricatures, ces moqueries. Que l'on décide de s'intéresser à notre monde, à ceux qui nous entourent. Que lorsqu'on nous montre des images honteuses de nos soi-disant « opposés », on décide d'aller vérifier sur le terrain si l'autre est vraiment un connard ou si on a finalement des points communs. **Serions-nous autant divisés ?**

---

Selon toi, est-ce que tout le monde est soit complètement bon soit complètement mauvais ?

T'es-tu déjà entendu avec une personne a priori à l'opposé de toi ?

Ce que tu vois sur tes écrans (réseaux, télévision, etc.) reflète-t-il ce que tu expérimentes chaque jour ? T'arrive-t-il de te confronter à des opinions différentes des tiens ? Pourquoi ? Penses-tu que cela pourrait te grandir de le faire ?

---

La pensée de La Grenouille :
Ne juge pas trop vite.
Renseigne-toi.
Mets-toi à la place de.
Réfléchis.

# Les relations sexuelles

Ce chapitre sera court sois rassuré(e) ! Tout ce que je veux que tu saches c'est : **savoir te faire respecter et savoir respecter l'autre, pour vous respecter tous les deux à 100 %.** Si tu as compris et intégré ça alors normalement tu pourras te lancer sans soucis. **Accompagné de pratiques sans risques évidement,** mais vu comment on me l'a rabâché, normalement pour ce qui est du respect de ta santé et de celle de ton/ta partenaire tu devrais avoir toutes les infos nécessaires à ta protection. Pour toutes pratiques, le respect est PRIMORDIAL, si tu t'aventures dans des expériences où tu respectes ta propre personne, où tu respectes tes choix et tes valeurs, où tu connais tes limites et où tu sais les faire respecter. Si tu es tout autant capable de respecter la personne, ses choix et ses valeurs, où tu connais ses limites et où vous avez trouvé vos limites communes, alors tente si le cœur t'en dit. Ah ça ne protège pas de tout, tu vas peut-être être déçu(e), trompé(e), frustré(e), impatient(e), malmené(e), mais tu te relèveras parce que tu auras décidé de vivre cette expérience. Tu regretteras peut-être si cela se passe mal, mais au fond tu ne regretteras que le mal, parce que finalement tu t'es engagé dans cette aventure par envie de la connaître. Tôt ou tard, tu finiras par pouvoir regarder ton passé, ses zones de lumières et ses zones d'ombres et te dire : au final, tout valait la peine d'être vécu au moins pour une raison. Respecte-toi, respecte l'autre, sois entouré(e) en dehors de ta relation par des gens qui te comprennent et te soutiennent. Et tu verras que l'on finit toujours par se remettre d'une séparation.

À quel point respectes-tu ton corps ? Que fais-tu pour le respecter et le faire respecter ?
À quel point respectes-tu le corps de ton partenaire ? Que fais-tu pour le respecter ?

La pensée de La Grenouille :
Le sexe est d'une puissance énorme.
Libératrice, guérissante et jouissive.
Ou Réductrice, destructrice et traumatisante.
Voilà pourquoi le respect et la communication
sont si importants.

# L'importance du regard

Cher enfant, s'il y a une chose importante dans ton corps et qui concerne autant toi que les autres, ce sont bien tes yeux et le regard qu'ils produisent. Ne dit-on pas qu'il est le reflet de l'âme ?

Tes yeux, ton regard porté à un endroit te guidera sans effort. Lorsque tu conduis c'est ton regard qui guide ta trajectoire, en équilibre c'est ton regard qui te permet de ne pas chuter. En société c'est ton regard que l'on voit en premier, c'est lui qui met en confiance ou inquiète.

**Il se doit d'être ton allié.**

Il est le voyant de ton assurance : regard droit, fier / regard bas, anxieux

Il est le voyant de ton honnêteté : son langage permet à l'interlocuteur de déceler un éventuel mensonge

Il est l'un des premiers signes de défiance ou d'invitation : un regard noir tient à distance, un regard souriant crée une complicité.

Apprendre à travailler son regard peut donner de véritables avantages : facilité de prise de parole, impact sur l'interlocuteur, envoi d'une image positive de soi au reste du monde... ton regard peut t'ouvrir au monde.

Chaque personne doit travailler de manière personnelle : chacun a ses forces, chacun a ses faiblesses, le but est de **renforcer son capital de base.**

Nous pouvons citer 3 grands types de regards en exemple :

– l'œil vif (pitta) : perçant, percutant, fort ;

– l'œil tendre (Kapha) : rassurant, stable, doux ;

– l'œil fuyant (Vata) : rapide et furtif.

À toi de reconnaître ton type et de travailler ses points forts et faibles.

L'œil vif a l'avantage de « marquer » l'interlocuteur, il peut cependant déstabiliser des personnes timides.

L'œil tendre met en confiance l'interlocuteur, mais il peut donner une image « molle » de la personne.

L'œil fuyant capte tout, mais peut s'éparpiller et manquer de stabilité.

Inspire-toi des gens qui t'entourent, regarde à quel point le regard est quelque chose de personnel.

Il est facile de se donner des petits défis, tu peux essayer :

– L'œil vif peut s'essayer à un regard doux face à un public introverti et noter les différences.

– L'œil tendre peut fixer plus intensément son regard et remarquer les effets.

– L'œil fuyant peut se concentrer, faire abstraction du reste et voir si cela modifie l'impact des discussions.

**Ne te change pas, reste toi-même.** Travaille tes failles si tu sens qu'il y en a et que tu peux et que tu veux les travailler. Si tu as un œil vif, il y a de fortes chances pour que tu sois quelqu'un d'affirmé, si tu as l'œil tendre il y a de fortes chances que tu sois quelqu'un de stable, si tu as un œil vif il y a de fortes chances que tu sois quelqu'un de rapide. Les yeux sont le miroir de l'âme, inutile d'essayer de les travestir.

---

Ton regard est-il ta force ou ta faiblesse ? Quelle est la principale qualité de ton regard ? Qu'aimerais-tu améliorer ? Que pourrais-tu faire pour cela ?

---

La pensée de La Grenouille :
On dit que les yeux sont le miroir de l'âme.

# Le couple 2.0

**Selon moi un couple ce n'est ni plus ni moins deux personnes, menant chacune leur propre vie et décidant de créer une vie à deux.**

Partant de ce point de vue-là, nous avons donc une personne qui évolue dans sa vie personnelle.

Une deuxième personne qui évolue dans sa vie personnelle.

**Et une vie composée de ces deux personnes créant ensemble un avenir commun.**

Je pense que cela suffit en introduction pour faire passer l'idée de « la mise à jour. »

Chacun de nous dans nos vies, nous effectuons des mises à jour, sans même nous en rendre compte : on change de goûts, d'objectifs, de situation, d'ambition... Il est donc normal de devoir en faire également au sein de notre couple.

**Prenons un exemple :**

Alexia et Alexis sont en couple. Alexia est au chômage, Alexis travaille et ramène 1500 euros par mois dans le foyer.

Alexia a trouvé un poste très bien rémunéré. Son salaire est de 2100 euros par mois au lieu des 560 de son ancien RSA. Alexia a donc subi une mise à jour de sa situation professionnelle et économique.

**Cela entraîne une répercussion sur le couple** : maintenant, c'est elle qui fait le plus d'argent au sein du foyer.

Si la mise à jour était déjà envisageable pour tous les deux, elle se fera toute seule : Alexia pourra faire plus de dépenses, d'épargne, participera plus aux frais que son mari.

Si cette mise à jour n'était pas envisageable par les deux, alors elle peut poser un problème. La jalousie peut naître, la condescendance, les non-dits...

**Et c'est là qu'il est important d'effectuer la mise à jour en conscience.** D'autant plus que dans un couple on peut facilement deviner ce qui va passer simplement et ce qui ne passera pas simplement.

C'est à Alexia et Alexis de passer cette mise à jour ensemble.

Pour faire une mise à jour, rien de plus simple !

1. Faire le point sur la situation précédente

2. Faire le point sur la situation en cours ou à venir (raisons, conséquences, points positifs/négatifs)

3. Faire le point sur la vision de chacun face au changement (besoins, inquiétudes, joies)

4. Définir le nouveau mode de fonctionnement à adapter en conséquence.

**Ces mises à jour sont à pratiquer autant de fois que nécessaire sur tous les sujets le nécessitant.** Il vaut mieux en faire une rapide où tout « glisse » que de ne pas en faire et en payer les frais.

**La plupart des conflits de couple sont la résultante de non-communication ou de mauvaise communication.**

La mise à jour permet de garder une communication, une verbalisation des besoins et des objectifs et de garantir l'avancée de chaque personne sur son chemin personnel et sur le chemin commun.

**Car il n'y a rien de plus fort que deux personnes épanouies qui construisent ensemble leur couple.**

Plus tu seras toi-même, plus ton conjoint sera lui-même, plus votre couple sera authentique et durable.

---

Es-tu en couple ? Si oui, comment évoluez-vous chacun ? Et ensemble ?

Quelles mises à jour avez-vous déjà vécues ? Comment cela s'est passé ?

Pouvez-vous prévoir les prochaines mises à jour ? Êtes-vous d'accord à ce sujet ?

---

La pensée de La Grenouille :

Entretenir un couple ne demande pas d'effort

cela demande de la communication et de la sincérité.

# C'est une p*te !

Alors celle-là, quand je l'entends elle a intérêt d'être bravement justifiée ! À mon époque encore, un homme qui couche « beaucoup » est un tombeur, une femme qui couche « beaucoup » est une p*te.

Une bonne fois pour toutes : **CHACUN FAIT CE QU'IL VEUT DE SES FESSES TANT QUE LES SIENNES ET CELLES DE(S) PERSONNE(S) CONCERNÉE(S) SONT RESPECTÉES ET CONSENTANTES !**

Pourquoi critiquer la vie sexuelle des autres ? Tu es jaloux(se) ?

Si je te disais comme ça juste pour le test, que ta mère a eu 10 partenaires sexuels avant ton père, il te viendrait à l'esprit de la traiter de pute ? J'espère que non. Bien sûr que nous sommes beaucoup à être plus à l'aise avec le fait d'avoir une mère prude n'ayant connu que notre père qu'avec l'idée que notre maman ait eu une vie sexuelle épanouie et active. Mais en soi, seriez-vous mécontent que votre mère ait eu une vie épanouie ? Non, c'est juste l'aspect sexuel qui fait grincer. Mais l'être humain a une capacité de jouissance lors du rapport sexuel, ce qui rend l'acte agréable et non uniquement un devoir de procréation.

Que tu aies 0,1, 2, 3,12 partenaires, que tes partenaires soient uniquement des histoires d'amour ou bien quelques expériences sans lendemain, que tu te réserves pour la bonne personne ou non, **c'est TON choix,** parce que c'est TA vie et tu la vis pour TOI et non pas les autres ! Et c'est aussi valable pour tous les autres êtres humains que tu croiseras dans ta vie. **Tant qu'il y a un respect et un consentement mutuel, il n'y a pas à critiquer**. Et si tu es toujours convaincu(e) que certaines sont « vraiment » des p*tes alors retourne au chapitre « LES OMBRES » parce que je crois qu'il y a encore deux-trois choses que tu n'as pas bien assimilées...

As-tu déjà traité une femme de p*te ? Pourquoi ? Était-ce l'insulte la plus appropriée ? Laisserais-tu quelqu'un insulter de p*te ta sœur/mère/fille/meilleure amie ?

La pensée de La Grenouille :
Traite chaque femme comme tu aimerais qu'on traite
ta mère, ta sœur ou ton amie.
Si cela n'est pas possible pour toi, passe ton chemin.

# Les intermédiaires à ton bonheur

Sans vouloir prétendre comprendre ni connaître les raisons qui ont provoqué les excès de ce monde, je pense néanmoins qu'il y a une chose qui a accéléré la décadence : la présence de nombreux intermédiaires. Le circuit long, pour ne pas dire « à rallonge », nous éloigne de la base de ce que nous consommons (produits et services). **Nous ne voyons plus tout ce qui conduit à ce que nous possédons.** Sur certains sujets, nous connaissons l'horreur qui s'y cache (ou du moins nous pouvons encore espérer la connaître grâce aux reporters notamment), mais cette vérité reste loin, cachée, il faut même la rechercher pour la connaître bien souvent. **La publicité et le marketing, bien plus présents, lissent et gomment cette vérité.** Je pense que c'est ce décalage entre ce que nous consommons et son origine qui contribue aux horreurs de ce monde.

Combien de personnes portent de la fourrure alors qu'elles seraient incapables de voir l'abattage de la bête, si ce n'est qu'elles auraient envie d'adopter l'animal pour en faire un animal de compagnie ?

Combien de personnes mangent de la viande alors qu'elles sont incapables de regarder plus de 2 min la vidéo d'un abattoir ?

Pourtant les manteaux de fourrure nécessitent la mort de plusieurs animaux, le steak dans l'assiette était une partie du corps d'une vache bien vivante, tout le monde le sait.

Que l'on porte des animaux en fourrure, que l'on mange de la viande, si nous assumons tout le circuit qui nous conduit à cette possession, alors qu'il en soit ainsi.

Cependant, partager des vidéos de forêts détruites et chez soi consommer des aliments à l'origine de cette déforestation n'a aucun sens. Montrer son amour des animaux tout en portant de la fourrure ça n'a aucun sens. Nous sommes très nombreux à prendre part à cette bipolarité. Moi la première, je pleure devant l'atrocité vécue par les animaux dans les élevages intensifs et les abattoirs, je panique face aux désastres écologiques qu'entraîne la consommation de viande, pour autant je ne suis pas végétarienne. « J'essaie », mais pas devant tout le monde, pas dans toutes les circonstances... Je me réconforte en disant « mais si tout le monde faisait déjà comme moi et réduisait fortement sa consommation et consommait local... » Quelle démago !

**L'être humain est particulièrement brillant pour ce qui est de se trouver des excuses.**

Puis, si on ne se suffit pas pour s'empêcher d'être vrai, entier, en parfaite adéquation avec ses valeurs, il y a toujours le reste du monde pour s'en charger. **Il y aura toujours quelqu'un pour critiquer le faux pas que vous avez fait, l'imperfection dans votre démarche, les conséquences néfastes de votre agissement, pour critiquer vos arguments, en débattre.** Tout ceci n'est en réalité que le reflet de nos craintes, les nôtres, les leurs.

Vous, iriez-vous débattre d'un comportement qui ne vous atteint pas ? Vous arrive-t-il de vous critiquer sur les actes simples et réguliers de votre vie ? Probablement pas.

Si ça dérange, démange, irrite, agace, c'est qu'il y a une ombre pas loin...

**Alors arrêtons cette schizophrénie, soyons tous vrais, juste ça. Regardons la réalité en face.**

**Si tu as besoin d'intermédiaires et que la véritable origine de ce que tu possèdes soit loin et cachée, alors admets qu'il y a un problème.** Si tu es OK avec les intermédiaires et la véritable origine de ta possession, alors c'est OK. Il y aura toujours de purs viandards incapables de baisser leur consommation, il y aura toujours des familles dont les revenus ne permettent pas de passer aux circuits courts, il y aura toujours des personnes obnubilées par le signe de richesse d'un manteau de fourrure...

**Le but ne devrait pas être de formater les autres, mais de se « dé-formater » soi-même,** de regarder à l'intérieur de soi avec quoi nous sommes vraiment « OK ».

Je pense qu'en consommant dans le respect de ses propres valeurs, en respectant les humains qui travaillent indirectement pour nous, et en toute connaissance de cause, le monde ne s'en porterait que mieux, et vous aussi. Stop à la culpabilité, stop aux jugements. Que chacun fasse ce qui lui semble bon et juste en fonction de ses moyens. C'est peu, mais c'est déjà beaucoup, car il faut pour cela, **posséder en conscience.**

---

Que possèdes-tu qui ait pu causer de la maltraitance humaine ou animale ? Réfléchis et visualise le mal que ces choses ont fait. Te sentirais-tu capable de causer ce tort directement ? Ces biens sont-ils nécessaires pour toi ? Quelles alternatives ou compensations existent pour toi ?

---

La pensée de La Grenouille :
Regarder la portée de ses actes.
Assumer, tout simplement.
S'aligner avec soi-même.

# La femme

L'ère du patriarcat :
– Avant 1907 le salaire d'une femme appartenait à son mari ;
– Avant 1924 pas le droit de passer le bac pour les femmes ;
– Avant 1938 les femmes n'ont pas le droit d'avoir une carte d'identité ;
– Avant 1944 le droit de vote est interdit aux femmes.
Et je te passe le droit de porter un pantalon qui a été officiellement accepté en 2003...
**Si on ramenait la civilisation à 1 h, ça ferait à peine une seconde qu'on s'intéresse aux droits des femmes en France.** Heureusement, des personnes au fil de l'histoire ont fini par se dire qu'il fallait peut-être donner plus de droits aux femmes. Cette idée (comme toutes les naissances d'idée nouvelle) a paru dans un premier temps totalement ridicule, puis elle a paru dangereuse avant de devenir enfin une évidence. À ce jour, les femmes possèdent un compte bancaire, perçoivent leur salaire, accèdent à toutes les études de leurs choix, possèdent leurs propres papiers d'identité, et peuvent voter à chaque élection en France.

Les femmes peuvent également en 2020 à la suite d'un accouchement se retrouver avec « le point du mari », gagner moins qu'un homme à compétences et poste similaires, se voir imposer une excision, mourir sous les coups de leur mari, se voir refuser un poste pour avoir un désir de grossesse, se faire harceler dans la rue sans recevoir aucune aide des témoins, entendre que leur viol était justifié par rapport aux vêtements qu'elle porte, être traitée de « pute » là où un homme serait qualifié de « séducteur »…

**Fort heureusement, cela ne s'est pas toujours passé comme ça au cours de l'histoire de l'Homme.**

En effet, il y a eu aussi l'ère matriarcale.

Par exemple, à l'époque où les peuples étaient nomades, la femme avait un rôle majeur. En effet, ce sont les femmes qui dirigeaient le village pendant que les hommes partaient chasser. Ce sont elles qui prenaient également les décisions de changer le campement de position. Les hommes étaient très à l'écoute de celles dont l'intuition n'était plus à prouver. S'ensuivra l'ère patriarcale où les hommes vont non seulement reprendre le pouvoir, mais vont aussi s'assurer de réduire la puissance féminine.

Cependant, rien n'est jamais figé. Lors de la Deuxième Guerre mondiale par exemple, les femmes ont à nouveau eu un rôle fort au sein de la population : les femmes s'occupaient des familles, organisaient la société, fabriquaient les bombes dans les usines. De nos jours, la place de la femme semble s'égaliser petit à petit avec celle de l'homme. Par exemple, « derrière chaque grand homme se cache une femme » montre la coopération, la complémentarité des hommes et des femmes. Nous ne serons jamais à égalité, car nous sommes différents, mais nous pouvons atteindre la parité, pour le bien de tous. L'homme et la femme sont bien plus forts dans l'union que dans l'adversité.

**La femme a beaucoup à apporter à l'homme.** Une femme dont l'énergie peut être librement épanouie est forte d'intuition, de créativité, d'innovation. Elle est capable de matérialiser, unifier, éduquer... Une femme avec un libre accès à son potentiel dégage l'amour, l'abondance.

La femme dont l'énergie est bridée, affaiblie, bâillonnée, moquée, n'aura non seulement plus l'accès à ses capacités, mais elle sera dans son énergie négative. Une femme dans son énergie négative sera dans la manipulation, la jalousie. Elle sera capable d'écraser, de manipuler.

106

L'image de la femme que l'on nous montre dans les Disney, la belle-mère méchante ou bien la femme d'affaires arrogante dans les films, c'est l'image de la femme dans ses côtés sombres. La véritable image de la femme n'est ni celle de ces horribles méchantes ni celle de la mignonne petite chose vulnérable que l'on nous présente en parallèle comme étant la « gentille ».

Une femme n'est ni une personne cruelle qui manipule sans scrupule pour arriver à ses fins ni une personne effacée et fragile qui ne peut s'en sortir seule. Une femme est un être fort, capable de donner la vie. Une femme nourrit, élève, aime, crée, soutient. Elle a une empathie naturelle, un instinct, le sens de la solidarité.

**Dans chaque femme il y a une part de féminité et de masculinité. Dans chaque homme il y a une part de masculinité et de féminité.** Ces parts peuvent avoir des proportions différentes en fonction de chaque personne, le tout est de vivre au travers des deux. La femme et l'homme se complètent depuis leurs corps jusqu'à leurs forces et leurs capacités. **L'un ne doit pas craindre ou rabaisser l'autre, chacun possède sa place, l'une étant à côté de l'autre.**

---

Pour toi quelle est la place de la femme ? Pourquoi ? En es-tu une ?
Es-tu légitime dans les limites que tu fixes ?
Pour toi quelle est la place de l'homme ? Pourquoi ? En es-tu un ?
Es-tu légitime dans les limites que tu fixes ?
Quelles sont tes forces féminines ? Quelles sont tes forces masculines ?

---

La pensée de La Grenouille :
Ne pas craindre l'autre, le comprendre.
Ne pas craindre l'autre, le respecter.
Ne pas craindre l'autre, s'en inspirer.
Ne pas craindre l'autre, le compléter.

# Primum non nocere

« En premier, ne pas nuire » ou « d'abord, ne pas faire de mal ». C'est le premier principe de prudence appris aux étudiants en médecine et en pharmacie. **Il serait grand temps que le reste du monde s'approprie ce principe, chacun de nous : en premier lieu, ne pas nuire.**

À défaut de faire le bien, nous pouvons déjà commencer par ne pas faire de mal, et ce, sans devenir des bisounours (si-si, c'est possible). Quand on y réfléchit bien, entre le nombre de fois où l'on nuit à quelqu'un (critique, jugement, égoïsme, violence...) et le nombre de fois où c'est véritablement justifié et nécessaire : **il y a une marge qui peut être évitée.**

Si chacun de nous se levait avec la ferme intention de ne pas nuire, cela aurait un vrai impact sur notre société. D'autant plus que le bien que nous ferions nous serait rendu. Nous sommes de plus en plus nombreux sur cette Terre, si chacun prenait sa place sans nuire aux autres, cela rendrait les choses bien plus douces. Nos journées « glisseraient », du lever à notre coucher.

« En premier, ne pas nuire », comment cela pourrait s'appliquer dans notre vie de tous les jours ? Eh bien tout simplement en ne portant aucune atteinte négative à autrui. Se lever et n'empêcher personne de vivre sa journée paisiblement. **N'accomplir aucun acte qui ferait plus de mal que de bien**, cela passe dans un premier temps par cesser d'être égoïste puis par la prise de conscience de nos actes. **« Agissez avec les autres comme vous aimeriez qu'ils agissent avec vous »** Confucius

Ne pas bêtement s'insérer quand nous pourrions deviner que cela va bloquer un carrefour ou une file entière, ne pas se garer où cela gêne la circulation (automobiles ou piétons), ne pas faire du bruit là où ça dérange, ne pas bloquer un rayon parce qu'on s'arrête discuter, ne pas prendre 2 places au lieu d'une au parking, ne pas bloquer un professionnel inutilement quand il y a d'autres clients, ne pas ranger n'importe où un produit que nous ne prenons plus, ne pas juger sans connaître ni comprendre, ne pas mal regarder...

Et toi, tu as tendance à nuire aux autres ? En voiture ? Dans l'espace public ? En privé ?

Combien de fois une tierce personne a nui à ta journée aujourd'hui ? Fais-tu la même chose aux autres ? Que pourrais-tu faire pour faciliter la vie de tous ?

La pensée de La Grenouille :
Interagis avec l'autre,
comme tu aimerais
qu'il interagisse avec toi.

# Les gens

« *L'enfer c'est les autres* » Sartre, « *les gens sont cons* » dixit à peu près tout le monde.

**Mais qui sont-ils ces fameux « gens » que l'on aime tant détester et critiquer ?**

Il y a des riches, des pauvres, des intellectuels, des manuels, des émotifs, des impassibles, des fêtards, des casaniers, des épicuriens, des ascétiques, des flegmatiques, des nerveux, des introvertis, des extravertis, des citadins, des campagnards, des banlieusards, des montagnards, des plagistes, des bourgeois, des artistes, des optimistes, des pessimistes, des aventuriers, des phobiques, des hypocondriaques, des courageux, des craintif, des leaders, des suiveurs, des égoïstes, des altruistes, des mystiques, des rationalistes…

Il y a ceux qui aiment le sexe, d'autres pas, des monogames, des polygames, des fidèles et des infidèles, des hétérosexuels, des homosexuels, des bisexuels. Il y a ceux qui veulent une vie de famille, un enfant, deux enfants, beaucoup d'enfants, pas d'enfant, juste un couple, pas de couple, une histoire d'amour pour la vie, plusieurs histoires d'amour dans la vie, aucune histoire d'amour dans leur vie. Il y a ceux qui recherchent les responsabilités professionnelles et familiales, et ceux qui les fuient. Il y a ceux qui suivent les modes, ceux qui les créent et ceux qui les fuient. Il y a ceux que l'on remarque et ceux qui paraissent invisibles. Il y a ceux qui se font passer avant les autres et ceux qui font passer les autres avants eux-mêmes. Il y a ceux qui vivent avec leur temps et ceux qui restent dans le passé. Il y a ceux qui vivent au travers de leur travail, ceux qui vivent au travers de leur famille. Il y a ceux qui montrent leur argent, ceux qui le cachent, ceux qui le désirent, ceux qui le détestent, ceux qui l'envient, ceux qui le jalousent, ceux qui le gardent, ceux qui le dépensent, ceux qui le donnent. Il y a ceux qui croient en Dieu, en un Dieu, en des Dieux, ceux qui croient en eux-mêmes, ceux qui croient en la vie, ceux qui ne croient plus en rien...

**Tous ceux-là sont ni plus ni moins des êtres humains ayant comme nous des valeurs, des croyances, des blessures, des forces et des faiblesses, des rêves... seulement pas les mêmes que les nôtres.**

Voilà là l'unique différence entre NOUS et L'AUTRE : une autre naissance, une autre éducation, un autre milieu. Qui produiront d'autres valeurs, d'autres croyances, d'autres blessures, d'autres forces et d'autres faiblesses, et aussi d'autres rêves.

*Un pauvre peut devenir riche et inversement. Un intellectuel peut être manuel et inversement. Une personne peut naître introvertie, impassible et craintive et devenir extravertie, émotive et aventurière. Un fidèle peut devenir infidèle et inversement. Un rationaliste peut devenir mystique. Rien n'est figé, il ne s'agit que d'étiquettes, que d'identités qui nous collent à la peau et que l'on distribue à chacun.*

*Le pauvre n'est pas pauvre en tout. Le riche n'est pas riche en tout. Personne n'est complètement et uniquement d'une seule manière. Nous sommes tous un joyeux mélange de tout. **Nous faisons tous partie de « ces gens » pour d'autres, sommes-nous cons pour autant ? Sommes-nous un enfer ? Bien sûr que non.***

---

Qui qualifies-tu souvent de « gens » ? Comment qualifies-tu ces « gens » en général ? Penses-tu que c'est tout à fait juste et justifié ? Quels sont les « gens » que tu ne supportes pas ? Pourquoi ? Les connais-tu vraiment ?

Tu dirais que tu fais partie de quels « gens » ? En es-tu fier ? Es-tu seulement ça ?

La pensée de La Grenouille :
Il est toujours plus simple de voir
les différences et les défauts
que les similitudes et les qualités
chez celui qu'on ne connaît pas
et qu'on croit différent de nous.
Sois plus intelligent que ça stp.

# Ne plus jamais râler de ta vie

Quelle idée bizarre ! Bien que je conçoive que ce soit un désir, un objectif pour certains, je ne partage pas ce but.

Râler a son utilité tout comme la colère. C'est un signe que nos besoins ou limites ne sont pas satisfaits. Et comme tout ce qui ne s'exprime pas s'imprime : moi je dis que râler comporte ses avantages. Cependant, comme disait Aristote « Tout le monde se met en colère, c'est facile ; mais se mettre en colère avec la bonne personne, avec la bonne intensité, au bon moment, pour la bonne raison, d'une bonne manière, tout le monde n'en a pas la capacité, ce n'est pas facile ». Il en va de même pour le fait de râler. Voilà là un objectif que je trouve plus justifié.

Arrêter de râler, pour quoi faire ? Pour finir avec un ulcère à l'estomac ? Non merci.

En revanche, arrêter de râler bêtement, pour rien, sans autre résultat qu'enquiquiner son entourage, là je dis oui.

N'oublie jamais : « **Tes croyances deviennent tes pensées, tes pensées deviennent tes mots, tes mots deviennent tes actions, tes actions deviennent tes habitudes,** tes habitudes deviennent tes valeurs, tes valeurs deviennent ta destinée », M. Gandhi.

Petit protocole du « comment bien râler » :

– Savoir pourquoi on râle et râler pour quelque chose qu'on peut influencer.

Contre-ex. : râler quand on est dans les bouchons, comme tous les jours, sur le même trajet à 17 h.

Ça n'a aucun intérêt : tu ne changeras rien en râlant. Essaie plutôt de rendre le moment moins désagréable (discute, écoute ta musique, essaie un autre chemin, planifiez tes futures actions...) et re-la-ti-vi-se : tu es dans les bouchons soit de ton propre fait, soit à cause de ton travail. Dans tous les cas, tu as la chance de posséder une voiture, tu es au sec, peut-être même avec le chauffage ou la clim, si tu as un autoradio tu as de quoi te distraire : RELAX.

– Râler contre la bonne personne.

Contre-ex. : râler à l'accueil pour le retard ou le mauvais traitement d'une tierce personne ce n'est pas râler auprès de la bonne personne.

Adresse-toi à la personne responsable du désagrément ou adresse-toi à une personne pouvant transmettre votre agacement. Dans le second cas, adapte ton comportement, tu t'adresses à une personne neutre. Essaye de te calmer (suffisamment pour parler respectueusement), explique la situation, précise ton taux d'agacement et remercie la personne.

– Doser son agacement.

Ex. : même si tu as eu une semaine compliquée ce n'est pas une raison pour râler en criant à moitié contre l'ascenseur que tu viens de rater en ayant les bras chargés de courses.

Si tu t'agaces outre mesure c'est probablement que ta soupape est gonflée à bloc. Rends-toi compte que tu es à cran et que tu es responsable de ton état, bien plus que la personne qui vient de prendre l'ascenseur. Relâche la pression dès que tu le peux, autrement qu'en râlant.

– Savoir s'exprimer.

Ce qui tu parais évidement agaçant ne l'est pas forcément pour les autres, d'où l'intérêt de savoir s'exprimer. **Commencer par décrire la situation** en employant comme sujet uniquement le « je » et en évitant le « tu » et le « vous ».

Ex. : *Quand je vois les tasses sales sur la table, les miettes, la tache de café (...)*

Contre-ex. : Quand tu fous tout ton bordel sur la table là…

– Deuxièmement, **exprimer ce que l'on ressent,** toujours avec la règle du maximum de « je » et minimum de « tu/vous » :

Ex. : (…) *je me sens découragée, car je range tous les matins pour que ça soit propre*

Contre-ex. : tu te moques de moi à toujours en mettre partout tu ne ranges jamais

– Ensuite, **décrire ses besoins / ses attentes** avec la même règle :

Ex. : *J'ai besoin que ce soit propre et rangé, ça m'aide à y voir plus clair et à ne pas me sentir débordée.*

Contre-ex. : J'ai besoin que tu te bouges plus et que t'arrêtes de faire le fainéant.

– Pour finir, **formuler une demande simple et claire**

Ex. *: Peux-tu nettoyer la table avant le repas stp ? Et j'aimerais que la table reste propre après ton passage. Merci.*

---

Sais-tu combien de fois tu râles par jour ? Est-ce toujours justifié ? Est-ce toujours utile ? Serais-tu capable de moins râler ? Si oui : dresse une liste des fois où tu râles inutilement et trouves 3 manières de relativiser la situation.

---

La pensée de La Grenouille :
Commence par soigner tes pensées.
Tout part de là.

# Bons à faire

Voici de petits exemples d'exercices rapides et peu coûteux qui favorisent notre bien-être.

Tu peux les faire au rythme que tu souhaites.

### To do List

Mentale ou écrite : savoir ce que l'on a à faire dans un temps imparti aide à s'organiser. (Clarté !)

> Pense à noter les temps juste pour toi (faire un bain de pied, appeler une copine, se prendre un bon dessert, écouter de la musique, pratiquer un sport, boire une bière)

### Flot de pensées

Écrire tout ce qu'on a accumulé dans la tête te déleste d'un poids et laisse de la place aux pensées intéressantes.

> Ne te mets pas de barrière : mauvaise écriture, insultes, gribouillis, mauvais ordre chronologique... ON S'EN FICHE ! Le but est de décharger au maximum le cerveau. Sache aussi noter aussi les bonnes et belles journées, les moments de joie, ta motivation...

### Évaluer son énergie

Savoir comment l'on est disposé permet d'adapter son planning et de tout réaliser sans surcharge.

> Ne te culpabilise pas. Nous avons tous des limites, des moments « sans ». Vaut mieux faire moins que prévu, mais avec qualité plutôt qu'en faire plus, mais mal.

### Faire le bilan

Où en suis-je dans ma vie professionnelle/sociale/familiale/sentimentale ? Suis-je épanouie ? Comment puis-je améliorer cela ?

La clarté est la base de tout. Pour cela, sois le plus juste possible.

### Juste un

Faire une chose par jour tous les jours pour accomplir son ou ses objectifs. Un petit pas, chaque jour sans interruption, garantit une progression durable.

Ton intuition est ton meilleur allié. Tes pensées étant quasiment les mêmes d'un jour à l'autre, écoute ta première intuition.

### Adapter son réveil

Ne pas se lever « juste » pour se préparer à aller travailler. Prendre le temps de lire, s'étirer, faire une chose pour soi. On n'a que le temps qu'on se donne, alors offrez-vous-en, du temps ! On s'habitue très bien à un réveil plus tôt quand c'est pour ce que l'on aime.

Routine bien huilée et millimétrée ou freestyle complet : fais ce qui te ressemble le plus et ce qui t'apportera le plus de plaisirs.

### Visualisation/Répétition

Plus tu visualiseras ce que tu souhaites, plus tu y penseras, plus tu y mettras des émotions et de la clarté, plus tu parviendras. Crée-toi un panneau souvent appelé « vision board », où tu y mettras ce que tu désires, place-le à un endroit où tu pourras le regarder, t'y concentrer régulièrement.

Pour que cela soit efficace, il faut que cela soit juste. Plus ton désir sera sincère, plus tes émotions seront vraies, plus tu utiliseras une méthode de visualisation instinctive, plus l'exercice sera concluant.

Si tu visualises quelque chose qui ne te fait pas personnellement vibrer, que tu forces tes émotions et que tu utilises une méthode de visualisation qui t'agace, ça n'ira pas

### se connaître

Le meilleur moyen d'avancer c'est de se connaître. Mais bien se connaître aujourd'hui ne suffira pas sur la durée. Observe-toi : tes pensées, tes actions, tes envies, tes objectifs. Tu seras parfois surpris de constater comme cela change sans que l'on s'en rende véritablement compte. Prends le temps (à chaque saison, chaque année, chaque mois...) de te connaître et note-les. Le bénéfice de noter est de se rendre compte de l'évolution.

Le... /... /.... J'ai (tel) objectif pour (telle) date pour (telle) raison. En ce moment je me sens… j'ai envie de… je pense que c'est parce que…. Je vais faire… à (telle) fréquence pour (tel) résultat.

### Gratitude

Rien de mieux pour le moral que de se rendre compte de ce que l'on a. Dresse un bilan de ce que tu as puis à la fin du mois de ce que tu as acquis : compétences, expériences, moments, relations, divers biens, repas, amis, famille, aptitudes, autonomie, connaissances… Et remercie (qui tu veux).

Cela te semble compliqué ? Tu ne vois pas bien ce pour quoi tu pourrais éprouver de la gratitude ? Compare ta vie avec celle de quelqu'un qui a moins. Tu as toujours quelque chose que d'autres n'ont pas (un toit, des amis, de quoi manger, un revenu minimum, un animal, une vie sans bombardements...).

**Travailler ses failles**

Personne ne peut le faire mieux que toi. Toi seul connais tes failles. Toi seul peux trouver leurs causes et leurs conséquences, toi seul peux t'en sortir. Trouve l'aide nécessaire s'il le faut, mais n'oublie pas que la solution est en toi. Peu importe le professionnel ou la personne que tu verras, elle sera là pour t'aider à trouver la clé, mais elle est en toi cette clé, pas à l'extérieur.

---

Bien souvent, soit tu travailles votre faille, soit elle te reviendra perpétuellement sur le coin du nez. Autant comprendre vite ce qui coince.

Et si tu penses que tu en as trop, ou de trop complexes, que cela t'inquiète eh bien tu penses comme 99,99 % des personnes.

---

# Le monde d'après

Ce monde dont on a tant parlé pendant la pandémie de COVID19. Celui où des personnes lambda **donnent** des paniers repas aux SDF de leur quartier depuis leur balcon juste par **solidarité**, où les musiciens amateurs **offrent** un concert à leurs voisins pour les **divertir** et rendre moins dur le confinement, où l'on s'extasie tous du retour des animaux et de la baisse de la pollution, où l'on se **rassemble** à 20 h pour exprimer notre gratitude et notre **soutien** au personnel soignant, où l'on remet en question notre fonctionnement, où l'on se rend compte de l'importance de métiers que l'on dénigrait avant, où l'on s'inquiète pour nos **doyens**, où l'on est compatissant envers la **jeunesse**, où l'on se met à **réfléchir** à l'avenir, où nous nous inquiétons de l'avenir de nos **semblables** (restaurateurs, patrons de bar, intermittents du spectacle), où l'on se désole de ne plus se voir, se toucher, se rencontrer, se divertir, où une partie de la population se questionne sur ses choix (consommation, reconversion professionnelle, plaisirs…)

**Ce monde censé bouleverser notre rapport au monde, à nos semblables, à la nature, au système.**

Qu'en est-il ? Sommes-nous forcés de rester dans le monde « d'avant » ? Dans le monde tel qu'il existe depuis moins d'un siècle ? Qu'est-ce qui nous bloque tant ? La peur de l'inconnu ou du jugement ? La routine ? Le manque de moyens ?

Qu'en penses-tu, de ce « monde d'après » ? Est-ce qu'il te plairait ? Pourquoi ? Te sentirais-tu capable d'y vivre ? Pourquoi nous n'y sommes pas ?

La pensée de La Grenouille :
Tu peux difficilement changer le monde entier.
Tu peux facilement changer « ton » monde.
Tout commence par un regroupement de personnes.

# « C'est un mauvais coup ! »

Je trouve cette phrase absurde et égoïste et comme je pense que tu n'as pas envie d'être une personne qui dit des phrases absurdes et dignes d'un égoïste, tu me feras le plaisir de la bannir de ton vocabulaire s'il te plaît. Si tu ne comprends pas pourquoi je vais te l'expliquer.

**Un rapport sexuel ça se fait à deux,** il est complètement arrogant de penser qu'on a aucune part de responsabilité dans le fait que l'acte ait été peu satisfaisant. Qu'un rapport sexuel soit merveilleux, bon, moyen ou mauvais, il en va de la « responsabilité » des deux. Il existe mille et une façons de faire l'amour. Il y a différentes positions, différentes attitudes, différents rythmes, différents gestes, etc. Un rapport peu satisfaisant tient juste aux différences de préférences de chacun. **Un homme ou une femme peut faire quelque chose que tu n'apprécies pas, mais qui jusqu'à présent avait ravi ses anciennes conquêtes.** Cela ne fait pas de cette personne un « mauvais coup » pour autant. Si tu es la première ou parmi les premières personnes avec qui il/elle couche, il y a de fortes chances pour ce qu'il/elle fasse tout simplement de ce qui lui semble juste de faire (vu dans des films, entendu parler…) **ce n'est pas une raison pour se moquer ou critiquer.** S'il s'agit d'une personne ayant déjà de l'expérience (déjà peut-être que c'est faux ou exagéré, tu n'en sais rien) et si tu la trouves tout de même mauvaise, il y a deux possibilités :

– Soit ses anciennes conquêtes aimaient ce que tu n'aimes pas.

– Soit ses anciennes conquêtes ne lui ont jamais dit que ce n'était pas terrible

**Dans tous les cas, si quelque chose te déplaît, il suffit d'en discuter.** Les goûts et les couleurs sont des choses très personnelles et il n'existe pas de bon ou de mauvais goût, il existe juste des points de vue différents. Ne fais pas partie de ces gens qui critiquent sans même essayer de changer les choses. Discute de tes préférences sexuelles avec la personne ou bien ne la revois plus si cela n'en vaut pas la peine pour toi. Cela ne sert strictement à rien de lui coller une étiquette de « mauvais coup », peut-être n'a-t-il pas aimé non plus votre rapport... tu aimerais qu'il te traite de mauvais coup ? Ou tu aimerais qu'il t'explique ce qu'il aime vraiment et ce qu'il n'aime pas trop pour pouvoir vous amuser la prochaine fois ?

**Respecte les personnes, d'autant plus celles qui t'ont fait confiance au point de se mettre à nu et de t'offrir leur corps.**

As-tu déjà fait de la mauvaise promotion sur les prouesses sexuelles d'une personne ? Pourquoi ?
Qu'est-ce que ça t'a apporté de faire ça ? As-tu pensé à la personne concernée ? Recommencerais-tu ?

La pensée de La Grenouille :
Fais un petit tour sur le chapitre
des différents types d'actes sexuels
et médite.

# « Sois proche de tes amis et encore plus proche de tes ennemis. » F. Copola

**Non par hypocrisie ou par méfiance, mais pour grandir.**

Comme tu l'as sûrement déjà compris, la plupart de nos réactions désagréables, de nos mauvais sentiments proviennent de nos ombres (cf. chapitre les ombres).

Et il est là l'intérêt de s'intéresser à ses ennemis.

Alors tout dépend de la « catégorie » de l'ennemi. S'il est de la catégorie de ceux qui t'ont fait du mal ou à tes proches, je ne conseille pas le rapprochement.

S'il s'agit d'une personne à qui il suffit de vivre pour t'agacer, alors là oui, **pose-toi des questions.** Sans aucun jugement, j'ai l'impression qu'être agacé par l'attitude « classique » de quelqu'un est un comportement qui vise plus les femmes que les hommes. On entend plus des phrases comme « ah elle m'agace celle-ci, regarde comment elle est maquillée/habillée/elle rigole », que « oh il m'agace celui-ci regarde comment il s'habille/rigole ». Cela a, selon moi, un lien avec la liberté des femmes. La femme a dû particulièrement rentrer dans un moule ou du moins ne pas trop en déborder quand l'homme était déjà plus libre d'être celui qu'il désirait depuis toujours.

Voilà pourquoi, au lieu de se crêper le chignon, il serait intéressant de s'intéresser à l'autre. Pourquoi nous agace-t-elle ? Quelles ombres réveille-t-elle ? Que pourrait-elle m'apporter ? Parce que oui, chaque fille qui t'agace peut t'apporter quelque chose.

**Exemples :**

Tu es naturelle et ne supportes pas les filles maquillées ? Pourtant elles pourraient t'apprendre à te mettre en valeur, t'apprendre des techniques que tu serais libre de réessayer ou non dans le futur. Pourquoi bloques-tu autant à l'idée de te mettre en valeur ? Qu'y a-t-il de si mal ? Cela ne changera en rien ton naturel et tu pourrais expérimenter le plaisir qui en découle.

Tu es toujours maquillée et tu ne supportes pas les filles naturelles aux sourcils hirsutes ? Pourtant elles pourraient t'apprendre à t'assumer pleinement, à prendre du recul sur le regard des autres. Pourquoi bloques-tu autant à l'idée d'être 100 % nature ? Qu'y a-t-il de si mal ? Cela ne t'oblige en rien à jeter ton maquillage et tu pourrais y trouver un confort agréable.

**Je ne prône pas un monde de bisounours** où tout le monde se tient la main la bouche en cœur, ce serait un monde hypocrite. On ne peut aimer sincèrement tout le monde. **Cependant, je prône un monde où tout le monde se tolère et se laisse vivre**, parce que ça, si, c'est possible. Ça demande de se connaître d'abord, de connaître ses failles, de tolérer que l'autre n'ait pas les mêmes et d'admettre que chacun ait les siennes.

---

Et toi, c'est qui que tu ne supportes pas ? Pourquoi ? Qu'est-ce que cette personne s'autorise à faire/être, que tu ne t'autorises pas ? En quoi cela impacte personnellement ta vie ?

---

La pensée de La Grenouille :
Ton ennemi est ton ombre.
Si tu veux te débarrasser de ton ombre
Mets-la en lumière.

# L'ingérence

**Déf.** : Action de s'ingérer dans les affaires d'autrui.

Je ne parle pas de l'ingérence politique, mais de l'ingérence en général.

Celle que je suis en train de faire en ce moment en venant t'apporter mes pensées et ma vision alors que tu ne m'as rien demandé, par exemple. Je viens t'exposer mes avis, tenter de t'inspirer, et ce, uniquement parce que ça me fait du bien de le faire et parce que j'imagine que cela sera peut-être bénéfique à autrui. Mais en soi, c'est de l'ingérence. Je ne propose pas mes services à qui les veut, je viens te les servir sans attendre ta demande. Comme beaucoup de personnes en plein développement personnel d'ailleurs... je le fais en pensant aider mon entourage à coups de bons conseils.

**L'ingérence peut être à la fois bienveillante et dérangeante.** Ce n'est pas parce que l'on s'arme de bons conseils et de bons sentiments que notre intervention dans la vie d'autrui sera forcément bénéfique. Certes, les conseils sont souvent comme des petites graines que l'on sème et c'est à la personne de décider de la faire germer ou non. Seulement la graine n'est pas toujours la bienvenue. Nous ne sommes pas dans la tête des autres. Personne n'est prêt 24 h/24 et 7 j/7 à recevoir des conseils, des idées extérieures sur n'importe quel sujet et à les accueillir avec plaisir. Bien souvent, nos conseils visent à formater (parfois involontairement) l'autre à notre image. Regarde ce livre, il est rempli de conseils et de visions m'appartenant et que je souhaite partager afin de pouvoir nous retrouver /regrouper « entre nous » (entre Grenouilles ici).

**Beaucoup de conseils existent dans le but unique d'unir.** C'est beau de vouloir s'unir, l'humain a besoin d'appartenance, seulement il faut que ce soit choisi par l'individu.

Si tu souhaites changer une personne, déjà ça part mal. Ne change pas une personne qui ne t'en fait pas la demande formelle.

Si tu souhaites grandir une personne, fais-le en incarnant ce changement plutôt qu'avec de belles paroles. Le reste se fera tout seul. De cette manière, tu ne commettras pas d'ingérence et tu permettras à la personne de se sensibiliser au sujet qui te préoccupe, de se questionner, et de prendre seule la décision du changement.

Si tu souhaites grandir une personne par la parole, tu prends le risque que cela ne soit ni le bon moment pour elle ni la bonne manière (mauvaise humeur, baisse d'énergie, tête pleine, mauvais vocabulaire, mauvaise interprétation...). Au mieux, privilégie la parole en direct et en privé, ce qui permet un cadre plus sécurisant et une meilleure transmission des émotions.

Si tu subis l'ingérence d'autrui dans ta vie, dis-toi ces choses :

– Les conseils donnés appartiennent à la personne qui te les transmet. Ils reflètent son parcours, ses expériences, ses forces, ses faiblesses, ses peurs, ses envies, ses besoins... Pose-toi la question de la pertinence de ses conseils, de sa force d'expérience, etc.

– Tout conseil est bon à prendre, soit en tant que tel, soit en tant que leçon, soit en tant que conseil et leçon. Fais un pas de côté quand c'est dur à digérer, laisse-toi le temps. Un jour ou l'autre, ce conseil prendra tout son sens.

– Le meilleur moyen d'en recevoir le moins possible est d'être clair dans ta tête, dans tes actes et tes relations. Plus tu t'incarneras pleinement, plus on te laissera tranquille.

Fais-tu régulièrement de l'ingérence dans ta famille, avec tes amis, tes proches... ? Pourquoi ?

Te mêles-tu régulièrement de ce qui ne te concerne pas ? Pourquoi ? Est-ce pertinent ?

Combien de personnes te donnent leurs conseils ? Combien de fois ? Aimes-tu cela ? Pourquoi ?

La pensée de La Grenouille :
Que chacun balaye devant sa porte.

# Distanciation sociale

Pourquoi sommes-nous si distants ?

Je ne parle pas ici de la distanciation sociale imposée par les normes sanitaires dues au Coronavirus.

Je parle simplement de la distance existante entre les individus.

Comment pouvons-nous mettre en danger des motards ? Ça te viendrait à l'idée de mettre en danger un ami ?

Comment pouvons-nous hurler sur des personnes âgées ? Ça te viendrait à l'idée de hurler sur ta mamie ?

Comment pouvons-nous traiter une femme de sale pute ? Ça te viendrait à l'idée de le dire à ta mère ?

Comment pouvons-nous bousculer les gens ? Tu aimes quand on te le fait peut-être ?

Comment ne pouvons-nous pas simplement nous regarder, nous respecter, communiquer avec l'autre comme avec un ami ?

**Chaque étranger que l'on croise est le père, le frère, le fils, l'ami, le conjoint de quelqu'un.**

**Chaque étrangère que l'on croise est la mère, la sœur, la fille, l'amie, la conjointe de quelqu'un.**

Nous sommes tous à la fois l'étranger et le proche de quelqu'un.

Tout revient toujours à ce principe simple : interagis avec ton environnement comme tu interagirais avec un proche. Pour qu'à l'inverse, chaque personne qui interagit avec tes proches le fasse comme avec un ami.

Nous ne sommes pas si différents et nous sommes tous liés.

Imagine que le motard que t'as failli faucher, parce que tu ne supportes pas qu'on te double dans les bouchons, soit le patron devant qui tu te présentes à un entretien d'embauche demain. « Pas de bol hein ? » Tout à coup, tu n'assumes plus, tu te confonds en excuses parce que c'est dans ton intérêt de le faire.

Quand l'Homme aura compris qu'il est autant dans son intérêt de chérir ses proches que de chérir les inconnus, alors le monde se portera mieux.

Quelle distance mets-tu entre toi et les inconnus ? Si l'on se comportait avec tes proches comme tu te comportes avec les inconnus, cela te poserait-il problème ? Pourquoi ?

La pensée de La Grenouille :
Chaque individu peut être celui qui, un jour, aura le choix
de t'aider ou te détruire.

# L'enfant intérieur

Ce concept de développement personnel concerne toutes les personnes et est important.

L'enfant intérieur, c'est celui qui va te faire uriner dans la neige et essayer de faire un dessin.

L'enfant intérieur, c'est celui qui te fait chanter sur tes chansons préférées comme une vraie star.

L'enfant intérieur, c'est celui qui va te donner l'envie de démarrer une bataille d'eau avec tes amis.

L'enfant intérieur, c'est celui qui te fait te ruer dans les vagues avec enthousiasme.

L'enfant intérieur, c'est celui qui s'émerveille à la vue d'animaux pendant une randonnée.

L'enfant intérieur, c'est celui qui se délecte d'une bonne glace.

Bref, tu l'auras compris, **l'enfant intérieur, c'est cette partie de toi (plus ou moins développée) qui s'émerveille.**

Celle qui a envie de jouer, rigoler, rêver, admirer... Et elle est très importante.

Observe un enfant, ses envies, ses besoins, son entrain. Un enfant qui a sommeil va bien souvent dormir, un enfant qui a faim ou soif le dit ouvertement, un enfant en colère va l'exprimer, un enfant triste pleure, un enfant voulant se distraire le fait ou le réclame ; toutes ses envies ou ses besoins il les affirme, les revendique et ne se satisfera, bien souvent, qu'une fois qu'ils seront assouvis. Un enfant s'émerveille devant une coccinelle, rigole devant une grimace, se met en scène, rêve sa vie future, joue avec les quadrillages de la rue... Leur imagination est sans limites.

S'il existe une partie de soi capable de nous rendre heureux, c'est bien cet enfant-là. **Il s'en fiche lui des « qu'en dira-t-on », de la « norme », tout ce qu'il veut c'est être heureux.** Alors évidemment te rendre au bureau en sautant d'une case à l'autre du carrelage du couloir devant tes collègues, ce n'est peut-être pas la meilleure idée... quoique, si tu l'assumes : grand bien te fasse ! Mais si tu es plus timide, que le regard des autres te pose un problème, alors donne rendez-vous à ton enfant intérieur quand tu es seul.

Pour ce qui est des actions, tu as l'embarras du choix, écoute ton cœur (danse sur ta musique d'adolescence, hurle les paroles d'une chanson cliché, fais de la balançoire, une bataille d'eau...). Pour ce qui est de « l'être », c'est simple : extasie-toi, émerveille-toi.

---

Et toi, ton enfant intérieur, il te dit quoi ? Quand est-ce que tu l'as écouté ? Il remonte à quand ton dernier moment d'émerveillement, de plaisir assumé ?

---

La pensée de La Grenouille :
Cesse de dire « j'aimerais revenir à mon enfance »
retournes-y !
Ris, cours, chante, danse, joue, rêve, émerveille-toi !
Elle est là ton enfance.

# La tromperie : être trompé

Ce serait te mentir de te dire que j'ai eu l'intelligence de bien réagir. Entre ce que je pensais de la tromperie, mon éventuelle réaction et ce que j'ai réellement vécu : il y a un fossé.

Je pensais que l'on ne pouvait être trompé que si l'on s'occupait « mal » de son homme, que c'était toujours un peu mérité. Je pensais que si je faisais bien les choses (communication, attitude, loisirs, sexe…) je ne serais jamais trompée. ERREUR.

Je pensais que si cela m'arrivait je réagirais telle Beyoncé dans la chanson « don't hurt yourself » ou « ring the alarm », où, sur scène dans un concert, elle s'élève dans une colère puissante de la « femme qui ne se laisse pas faire ». ERREUR.

Ça m'est tombé dessus sans prévenir et j'en ai bavé.

Arrêtons les clichés sur la tromperie :

– Non, il n'y a pas que les porcs qui trompent.

La tromperie n'arrive pas toujours que dans un but sexuel ou dans un jeu d'attirance. Parfois, la tromperie arrive parce qu'une autre personne fait plus vibrer.

– Non la personne trompée n'est pas toujours « blanche comme neige ».

Parfois, la personne trompée a ses torts (pas de communication, abus de pouvoir, dénigrements, changement de comportement…), certaines choses peuvent bloquer le couple dans des non-dits, dans un attachement malsain qui peut conduire à la tromperie.

Parfois oui, bien sûr, la personne qui trompe est uniquement lâche, se moque de la sensibilité de l'autre, et ne fait ça que pour le jeu. Parfois oui, bien sûr, la personne trompée ne mérite aucunement la tromperie. Mais pas toujours. Il y a autant de tromperies différentes que de couples sur Terre. Aucune n'est parfaitement identique à une autre, pour la simple et bonne raison qu'il s'agit d'êtres humains différents.

Il existe bien entendu des moyens de diminuer les risques de tromperie : une bonne communication, une valeur commune du respect, la mise en place des droits et des limites du couple, avoir des moments de plaisirs partagés, faire des mises à jour sincères dès que c'est nécessaire… Mais rien ne protège de la tromperie. Ça peut arriver.

Rien n'arrive par hasard, et un jour (proche ou lointain), on finit par donner un sens à cette tromperie. Personnellement, il fallait qu'il me fasse vraiment du mal pour que je le quitte vraiment, autrement je serais probablement revenue. Et surtout, sans cette tromperie qui a marqué mon départ définitif, je n'aurais peut-être jamais connu l'homme de ma vie, mon compagnon actuel.

Alors bien évidemment, quand on le vit, on n'a pas envie de dire merci. Mais aujourd'hui, 4 ans plus tard, je serais capable de le faire, lui dire merci.

Rien n'est permanent dans nos vies, c'est un fait, et si ça bouge c'est probablement pour une raison.

Alors, peu importe que tu sois ultra fort ou que tu sois anéanti, prends le temps qu'il te faut pour cicatriser. Parce que oui, tu cicatriseras un jour. Peut-être que cela laissera une grosse cicatrice, mais qui sait, c'est peut-être cette même cicatrice qui résonnera et fera vibrer ton prochain(e) concubin(e). Sois authentique.

---

Tu as déjà été trompé(e) ? Une personne autour de toi ? Comment as-tu /a-t-elle évolué ?
Avec le temps, en quoi as-tu / a-t-elle grandit ? Aurais-tu préféré ne jamais vivre cette infidélité ? Pourquoi ?

---

La pensée de La Grenouille :
L'amour que tu te portes se doit d'être
indépendant de l'amour que l'autre te porte.

# Besoin de communauté

Je ne sais pas vous, mais quand je laisse un motard me doubler et qu'il ne me dit pas merci je suis frustrée, quand il me remercie je suis toute contente.

Quand je « fais » de la moto (assise derrière mon compagnon qui, lui, conduit), **je suis admirative devant cette fraternité** entre motards, toujours (ou presque) un sourire et un bonjour entre eux. J'aime aussi observer les surfeurs, à quel point ils sont soudés entre potes, même en dehors de l'eau. Même chose pour les rugbymen qui forment une véritable famille. En randonnée également j'apprécie les regards bienveillants (quand je m'essouffle), les sourires satisfaits quand on arrive ensemble au sommet, les « bonjour », les « merci ».

Je pense que cela fait partie de l'humain, ce besoin de fraternité, de groupe, de cohésion. Nous avons tous **besoin au fond de nous de reconnaissance, de marque de respect, d'appartenance.** C'est cela que je vois dans les exemples cités ci-dessus. Une reconnaissance de l'un comme faisant partie d'un tout (ici un groupe d'activité), une politesse affirmée en guise de respect et des liens forts parfois quasi familiaux comme le signe d'une appartenance. Qui ne trouve pas cela sympathique de se dire bonjour entre inconnus, d'échanger un sourire ou un signe, de sentir la solidarité et fraternité existant entre les Hommes ? Personnellement, j'adore. C'est ça pour moi, être humain !

Pourquoi cela n'existe-t-il qu'entre cercles sportifs ? « **L'esprit sportif** » pour moi, c'est tout simplement l'esprit humain exprimé dans le sport. Pourquoi une même personne, selon qu'on la croise en randonnée ou en bord de plage, on ne la traite pas avec le même élan bienveillant ? Parce que ça fait « bien » dans le domaine du sport, mais pas ailleurs ? Personnellement, quand je croise en centre-ville des personnes qui me sourient et me rendent mon bonjour ça me fait plaisir. Ça ne me viendrait pas à l'esprit de les envoyer péter en disant « non, mais on n'est pas entre motards/randonneurs/surfeurs là calme-toi ». Vous non plus j'imagine (et espère).

On l'a tous cette réponse, celle du « **pourquoi on ne le fait pas ailleurs ?** », parce qu'on a peur d'avoir l'air c*n.

**Bravo le cercle vicieux débile** : je ne le fais pas parce que je crains de passer pour un bisounours, mon voisin ne le fait pas parce qu'il a peur de passer pour un bisounours, le passant dans la rue ne le fait pas parce qu'il a peur de passer pour un bisounours... résultat, personne ne se lance donc tout le monde continue d'avoir peur et ainsi de suite. Si ça vous tente de croiser des gens à l'allure sympathique qui vous sourient avec parfois un petit bonjour de proximité, eh bien devenez vous-même ce type de personne ! **Faites-le**, vous verrez, au fur et à mesure ça change les gens autour de vous ! Je n'ai jamais autant croisé de personnes souriantes que depuis que je souris aux gens. Je n'ai jamais autant reçu de « bonjour » que depuis que je le dis avec bienveillance. Je n'ai jamais eu autant de discussions ou d'échanges visuels sympathiques que depuis que j'ose regarder les gens et « m'ouvrir » à eux. Alors **ça n'éloigne pas les c*ns aigris pour autant,** mais cela les rend plus insignifiants. Et puis, plus on sera nombreux à se sourire et se saluer, plus ça motivera les c*ns...

---

Tu as déjà souri à un(e) inconnu(e) sans rien attendre de particulier de cette personne ? Pourquoi ?
À qui dis-tu bonjour dans ta journée ? Quelle attitude as-tu envers les inconnus que tu croises/vois de près ? Aimerais-tu te croiser dans la rue ? Envers quels types d'inconnus tu pourrais avoir de la politesse et de la bienveillance naturellement ? Pourquoi pas d'autres qu'eux ?

---

La pensée de La Grenouille :
Pour vivre seul, il faut être une bête ou un dieu, dit Aristote.

# S'honorer

Sais-tu t'honorer ?

**Il existe mille et une manières de s'honorer.** Au-delà du simple respect pour soi-même, s'honorer permet de s'autosatisfaire. Vous n'avez besoin de personne pour prendre soin de vous.

S'honorer rend heureux, confiant et **nous préserve de certaines relations de dépendance affective.**

Je ne te dis pas ici de t'embrasser dans un miroir ou de prétendre être au-dessus de qui que ce soit. Je te dis ici de prendre soin de toi au-delà du simple respect. **Traite-toi comme un(e) ami(e), comme un(e) meilleur(e) ami(e).**

Voici une liste non exhaustive d'idées pour s'honorer soi-même :

– Fais-toi à manger de bons petits plats qui te satisferont (peu importe que tu vives seul)

– Prends soin de ton corps selon TES envies et TES besoins (hygiène, santé, bien-être, beauté…)

– Sois indulgent avec toi-même sur tout, comme tu le serais pour un ami

– Parle-toi avec tolérance et bienveillance (de vive voix et dans ta tête).

– Accorde-toi des moments de plaisir, ceux qui résonnent en toi.

– Encourage-toi et félicite-toi de tes accomplissements, toujours comme avec un très bon ami.

– Réserve chaque mois une somme d'argent, peu importe le montant, juste pour toi et tes envies personnelles.

– Accorde du temps et du pouvoir à ton intuition.

– Prends régulièrement rendez-vous avec toi-même, prend du temps consacré uniquement à toi.

– ...

Est-ce que tu t'honores ? Pourquoi ? Quelle est la dernière fois où tu t'es traité comme un super ami ? À quelle fréquence prends-toi du temps pour ton propre bonheur ? Pourquoi ?

La pensée de La Grenouille :
« On naît seul, on vit seul, on meurt seul [...] » Orson Welles
Tu as donc grand intérêt à être ton meilleur ami
plutôt qu'attendre des autres
qu'ils te comblent.

# Fast fashion

**Après le fast-food, voici la fast-fashion. La mode qui se fabrique vite, se vend vite, s'épuise vite et qui n'est pas forcément de bonne qualité.**

D'après la sociologue Madjouline Sbai, **la moitié des vêtements produits n'est jamais portée.** Brûlés à cause des invendus ou des défauts de fabrication, oubliés dans nos placards et jamais portés, les vêtements ne sont plus respectés. La planète non plus par la même occasion.

L'industrie de la mode représente **la deuxième industrie la plus polluante au niveau mondial.** La consommation d'eau pour l'élaboration d'un vêtement est énorme (9 000 L pour un jean, soit l'équivalent de ta consommation d'eau sur 2 mois), la pollution de ces industries se déverse dans les eaux et tue des écosystèmes, l'utilisation de pesticides dans les champs de coton pollue les sols... Outre nos sols et nos eaux, l'humain est également exploité au nom de la fast-fashion. Au Bangladesh, où bon nombre de nos vêtements sont confectionnés, environ 2 millions d'ouvriers travaillent dans des usines insalubres (effondrement de l'une d'elles en 2013 : 1 138 personnes décédées). Le salaire de ces ouvriers/ouvrières est misérable, jusqu'à ne représenter que 9 %-30 % du minimum vital du pays (soit 108-360 euros/mois pour 60 h/semaine) et peine à augmenter.

---

Combien de vêtements possèdes-tu ? Combien de vêtements as-tu que tu ne portes pas ?
Combien de temps durent-ils ? Si un jean nécessite 9000 L d'eau et un t-shirt 3000 L, combien de piscines (64000 L) peux-tu remplir avec votre dressing ?

---

La pensée de La Grenouille :
Achète en conscience
Prends soin de tes vêtements
Donne-leur une seconde vie
vente, don, reconditionnement, « seconde main », couture…

# Savoir-être seul avec plaisir

C'est dans **mes grands moments de solitude** que j'ai appris à être seule, à mes dépens. Ça n'a pas toujours été simple, parfois douloureux. **J'y ai connu la honte et le sentiment d'injustice.** Cela m'a voulu des situations où il a fallu ranger sa fierté et où il a fallu encaisser. On n'est jamais plus seul que dans un espace fréquenté, les regards, les jugements, qu'ils soient mauvais ou compatissants, sont durs à encaisser.

Durant cette période, j'attribuais ces sentiments à ma solitude. **Il n'en est rien.**

Aujourd'hui je marche seule (« en oubliant les heures », comme disait Jean-Jacques) je me balade, je vais à la plage seule, je fais les boutiques seule, je me commande à manger pour moi toute seule, avec le plus grand des bonheurs. Et les gens autour non seulement ne me jugent plus, mais ils me sourient, me parlent.

**Tout ne réside qu'en une seule chose : moi.**

Dans le passé, ma solitude m'apparaissait comme un fardeau, une erreur, une injustice, je la subissais. Aujourd'hui je la déclenche, la réclame et la savoure. C'est à partir de ce changement de mentalité que le monde autour de moi a changé.

Au lieu de baisser les yeux, courber le dos, avoir une mine triste et introvertie (quand je ne pleurais pas), aujourd'hui je regarde le monde qui m'entoure, j'interagis avec lui, je souris, bref je m'ouvre au monde. Et c'est cela qui me vaut à ce jour des salutations, des sourires (du plus timide au plus franc), des discussions…

**Apprends à être seul. Dompte votre solitude, danse avec elle.** Ne la subis plus. Le regard des autres (d'autant plus celui des inconnus) s'adapte à ton comportement. Ce qui nous dérange souvent dans la solitude c'est cette absence de filtre. Quand on est seul on est souvent face à soi-même (logique), à ses doutes, ses craintes, ses pensées, mais aussi face à nos désirs, nos envies d'ailleurs, d'objectifs...

**Être seul t'apporte tout un tas de bienfaits** : confiance en toi, amour de soi, détente, intuition, partage, rencontre... C'est un véritable rendez-vous avec toi, à la découverte de ton monde. Au-delà de t'apporter du bien à toi-même, cela apporte également du bien à tes relations. Plus tu es bien avec toi-même, plus tu attires des personnes qui te ressemblent. Plus tu es bien avec toi-même, plus tes relations sont perçues comme un « plus » qui embellit ta vie. Plus tu es bien avec toi-même, plus te dégages un bonheur qui égaie ton entourage.

Bien entendu, cela dépend également de ta personnalité. Certaines personnes ont besoin de plus de moments de solitude, d'autres moins. Néanmoins, je pense qu'il est important pour le développement de chacun (adultes comme enfants) de **savoir être seul et de se considérer comme une bonne compagnie**. Car tu es de bonne compagnie, oui toi.

Commence par une marche au soleil, tu es dans « l'action » et cela peut être plus facile. Par la suite à la fin de cette marche, pose-toi quelque part pour quelques minutes en admirant le paysage ou les activités autour (pas votre smartphone !). Au fur et à mesure, prolonge le temps, diversifie les activités et les lieux à ta guise. Note tes ressentis, tes pensées, tes intuitions du moment, tes interactions... admire leur évolution.

---

Combien de temps es-tu seul avec toi-même par jour (sans compter la nuit) ? Comment vis-le tu ?

La solitude : est-ce que tu la subis et pourquoi ? La revendiques-tu et pourquoi ?

Que fais-t de ces moments avec toi-même ? Est-ce le mieux pour toi ?

---

La pensée de La Grenouille :
Dans la solitude, les stimulations sont restreintes
on revient à soi.
C'est là que vous « êtes » véritablement sans artifice.

# Limiter son impact

À l'heure où 1 500 restaurants à succès de la même marque en France proviennent d'un homme qui a volé le travail de 2 honnêtes gens, où nos assiettes sont remplies par des agriculteurs exploités et des animaux torturés, où nous cultivons plus de champs pour le bétail que pour nourrir les Hommes, où les espèces animales et végétales disparaissent, où la richesse du monde se partage entre quelques Hommes, où des personnes subissent des conditions immorales pour enrichir d'autres personnes, où le marketing nous fait oublier le sang que l'on a sur les mains en consommant certains produits... que faire ?

**Que faire, nous, petits hommes et petites femmes que nous sommes ?** Quand on a l'impression de vivre dans un monde où l'on marche sur la tête ? Dans un monde tellement bien huilé que continuer droit dans le mur ou aller polluer une autre planète semblent être les seules solutions ?

Eh bien se relever les manches et se dire que nous sommes tous des pièces de ce puzzle.

On a tous quelque chose à jouer, à donner, à offrir, à revendiquer. On a tous des personnes à inciter, à motiver, à influencer, à unir. **« Soyez vous-même le changement que vous voudriez voir dans le monde ».**

Fais ce qui te semble juste pour toi. Que ce soit :

– **Limiter ton impact** (réduire tes déchets, manger local et de saison, raisonner ta consommation d'énergies, raisonner tes trajets en voiture, acheter avec une conscience éthique et écologique...)

– **Mener ton combat** (lutte pour l'égalité, lutte pour la transparence, lutte pour la justice...) en organisant des rassemblements, en préparant des événements et des actions, en informant le public.

– **Réunir les Hommes** (créer des groupes de paroles, incarner vos valeurs, mettre en lien des personnes de tous horizons, partager et informer votre cercle...)

– ...

Cette liste est infinie, car elle dépend tout simplement de ton superpouvoir, et chacun possède le sien à sa manière. **Peut-être que ton superpouvoir c'est ton implication** et dans ce cas, tu pourrais limiter ton impact et inspirer les autres. **Peut-être que ton superpouvoir c'est ton courage** et dans ce cas, tu pourrais prétendre à mener un combat [3] et le faire entendre. **Peut-être que ton superpouvoir c'est ta communication** et dans ce cas, tu pourrais réunir des êtres humains autour de causes justes. Peut-être que tu en as 3, des superpouvoirs, 4, 8, 12... À toi de voir avec ce qui résonne en toi. Peut-être aussi que rien ne résonne en toi et que tu n'as aucune envie de faire quoi que ce soit : c'est OK ! Sois juste toi-même. Sois tout simplement honnête avec toi. Inutile de te lancer dans une revendication écologique juste pour paraître « bien ». Si tu ne vous sens pas concerné, soit !

---

Trouves-tu la situation de notre monde inquiétante ? Te sens-tu impliqué(e) ? Pourquoi ? Quel est ton superpouvoir ? Que pourrais-tu faire si tu souhaitais faire évoluer les choses ? Le souhaites-tu ? Pourquoi ?

---

La pensée de La Grenouille :
Nous avons tous un rôle à jouer,
aussi petit soit-il.
Si tu en doutes, soit tu es naïf
soit tu es lâche.

---

[3] Par combat, j'entends l'idée et non la violence ! Un combat juste, éthique et non violent.

# Mindset

Une majorité de ce qui t'arrive dans la vie provient de ton état esprit. Devant chaque situation de ta vie, le résultat dépendra de ton état d'esprit : il influence ta perception et donc ta réaction. Si ton état d'esprit est défaitiste et victimisant, alors tu vivras tout comme des échecs et des « coups du sort ». Si ton état d'esprit est combatif et responsabilisant, alors tu vivras tout comme des leçons et des évolutions.

Un mindset c'est facile à changer quand ça va, ou ponctuellement. Le maintenir sur la durée avec les coups durs c'est plus compliqué.

Voici quelques conseils :

– **Entoure-toi de bonnes personnes :** plus tu ton entourage est bienveillant plus c'est simple de sortir de son cocon. Entoure-toi également de mentors, que ce soit des personnes de « tous les jours », ou des personnes publiques. Crée-toi un ensemble de personnes à regarder, écouter, lire, voir, qui t'inspirent et t'encouragent à conserver ton mindset choisi.

– **Baigne régulièrement dans ce mindset :** axe une partie de ta vie sur ce mindset (films, vidéos, interviews, livres, musiques, activités, mini défis...). Fais en sorte d'appliquer ce mindset dans ton univers quotidien, ne serait-ce que par une de ces activités chaque jour.

– **Créer de l'émotion autour :** imagine-toi avec ce mindset en toi, ce que cela t'apporterait, le sentiment positif qui en découlerait (amour, confiance, bien-être, richesse, santé...), visualise-le, vis-le, rêve-le.

Plus tu multiplies les sources provenant de ce mindset (personnes proches, musique, mentors, vidéos...), plus tu accordes de moments réguliers à ce changement (durée, fréquence et régularité), plus tu rendras cela beau, réel, positif, motivant, plus cela sera facile à ancrer en toi.

Bien sûr, certains mindset sont plus faciles que d'autres, tout dépend de la raison, de l'ampleur du changement, de la motivation, de la confiance, du courage, certains sont simples et d'autres moins.

Cependant, c'est une condition quasi obligatoire à tout changement et nous le faisons parfois sans nous en rendre compte. **Sois ton meilleur coach,** c'est le meilleur moyen de t'offrir ce que tu souhaites vraiment. Il faut de l'indulgence, de la patience, du courage, de la volonté, de l'espoir, de l'amour, de la ténacité, se donner les moyens, augmenter ses ressources (personnes, formations, aides…) […], mais il faut surtout te dire que **tout est déjà en toi**, le reste te parviendra par la force des choses.

---

Si tu pouvais télécharger un mindset tout de suite, tu téléchargerais le mindset de qui ? Pourquoi ?

---

La pensée de La Grenouille :
5 personnes incarnant ce qui t'inspire
une action par jour
tout ça avec un vrai enthousiasme

# Les relations de couple

Pascal Brousseau parle dans une vidéo d'une conférence en ligne de 3 types de couple. Comme pour Laura Pynson, l'idée ici n'est pas de le plagier, mais de vous ouvrir à sa pensée globale afin de peut-être vous donner l'inspiration d'aller plus loin. Ces pensées viendraient aussi du travail de Véronique Baudou (?).

L'idée est qu'il existerait 3 types de couples :

– **Le couple de réparation** : il nous confronte, réveille nos blessures et nous met face à nos ombres.

– **Le couple de croissance/conscient** : il permet l'écoute de ce qui émerge en nous pour réparer les blessures de chacun.

– **Le couple spirituel** : se vit dans l'amour inconditionnel après la guérison de chaque blessure.

Bien entendu, aucun couple n'est figé dans une catégorie. Un couple de réparation peut devenir un couple de croissance/conscient et pourquoi pas (même si c'est rare), devenir un couple spirituel.

Je te donne cette information pour te poser la question sur ton couple si tu en as un, ce qu'il t'inspire de ces 3 catégories. Si ton couple te confronte beaucoup, dis-toi que c'est juste le premier stade et qu'il peut se transformer en quelque chose de grandissant.

Un autre travail qui, je trouve, est intéressant est celui de Cécile Flora Lefèvre et Guillaume Andreux, que j'ai eu l'occasion de voir au cours de la même conférence. Comme pour Pascal Brousseau, je ne tracerai ici que les grandes lignes, vous invitant à aller vers leur travail pour de plus amples renseignements.

Leur thématique est celle de l'ennéagramme, un classement en 9 catégories des types de personnalité dans un couple :

– **Perfectionniste** : éthique et moral, il cherche la perfection et le contrôle. Ayant des idéaux très élevés, il peut s'avérer motivant ou réformateur, car il cherche aussi à vous perfectionner. L'amener à apprivoiser le lâcher-prise l'aidera à se défaire de la peur de l'imperfection.

– **Aidant** : décèle facilement ce dont les autres ont besoin, il adore rendre service et faire plaisir. Se faisant passer après les autres, il est celui qui aide tout le monde et fait l'intermédiaire de tous. L'amener à comprendre qu'il peut être aimé pour ce qu'il est et non que par ce qu'il fait l'aidera.

– **Compétiteur** : très social et porté sur son image, il est au bon endroit au bon moment. Le résultat étant important pour lui il valorise tout. Lui montrer que tout n'a pas besoin d'être « waouh » pour être bien peut l'aider à voir la vie plus simplement.

– **Original** : le sens du goût, une ouverture aux émotions et l'authenticité le caractérisent. Vivant au travers de ses émotions, il vous amène à vivre les mêmes avec des attentions particulières, des activités surprenantes. L'aider à se focaliser plus sur le positif que le négatif l'aidera à être plus stable.

– **Mental** : minimaliste et fin connaisseur, tout a un sens. Il prend son temps et analyse afin de faire les bons choix. Ne pas le brusquer est nécessaire pour l'inviter à sortir de sa bulle sans être intrusif.

– **Loyal sceptique** : organisé, il visualise toutes les possibilités. Pour offrir toute sa loyauté et sa fidélité, il a besoin de sécurité et de clarté. Le ramener aux faits plus qu'à ses doutes pourra l'aider à relativiser.

– **Épicurien** : les plaisirs et stimulations sont ce qu'il préfère. Il choisit toujours l'option la meilleure pour lui afin d'éviter tout ce qui peut paraître ennuyeux ou négatif. L'aider à voir ce qu'il a déjà peut l'aider à ne pas rechercher en permanence la satisfaction qu'il a déjà.

– **Leader** : direct, fort et entreprenant, il en a dans le bide. Et il aime savoir si vous aussi, vous en avez dans le bide et pour cela il peut vous titiller là où ça fait mal. Grand cœur et protecteur, il protège et aime son clan. Le reconnecter à sa tendresse et sa sensibilité en lui expliquant que cela ne fait pas de lui un faible peut l'aider.

– **Pacificateur** : « comme tu veux », « c'est OK » sont ces phrases favorites. Tolérant, arrangeant, calme et aimant faire plaisir, il est facile à vivre. Cependant, les prises de décisions ne sont pas son fort. Aide-le à prendre l'impulsion, clarifier ses actions. Faire une activité en excès pour éteindre ce qu'il se passe à l'intérieur de lui est un risque.

Cécile et Guillaume ont bien plus d'informations sur chaque type, décelant les déviances possibles, les compatibilités, etc. Leur développement sur les « filtres de vue » de chaque type (= ce sur quoi ils ont tendance à axer leur concentration), aide à comprendre pourquoi une personne peut bloquer 3 heures sur une chaussette par terre et une autre passer 8 jours devant sans la bouger de place.

L'idée est de base également, qu'ils amènent avec beaucoup d'humour, est que bien souvent, nous quittons la personne avec qui nous sommes pour les mêmes raisons que l'on a voulu se mettre avec. On cherche consciemment ou inconsciemment à combler avec l'autre ce qu'il nous manque en nous, c'est cela qui nous séduit, mais cela aussi qui creuse parfois le fossé. Il ne tient qu'à nous de rester dans la magie du début face aux aléas de la vie.

---

Tu penses être dans quel(s) type(s) de personnalité ? Et la (ou les) personne(s) qui te séduit(sent) ?

Et ton copain/copine ? Si tu es en couple, tu penses en être à quel stade ?

Qu'est-ce qui t'agace le plus chez l'autre en ce moment ? Le faisait-il avant (même d'une autre manière) ?

---

La pensée de La Grenouille :
Personne n'est prisonnier d'une boîte, d'un type, d'un cadre, ou d'un moule.
Mais nous avons tous un axe principal
similaire à certaines personnes, différent à d'autres.
Le tout est de savoir se situer, situer l'autre, se situer ensemble
Dans le but de faciliter la compréhension
et la communication.

# Cause à effet

**Tout acte a une répercussion, tout est relié,** de l'Homme au plancton.

Cela fait maintenant 3 ans que je regarde des documentaires alarmants, des chansons dénonciatrices, des conférences. Ça n'a pas toujours été simple, mais cela m'a ouvert les yeux (et mis des allumettes entre les paupières) : je ne peux plus faire semblant.

Je ne peux plus regarder mon smartphone sans penser aux mines d'extraction et à leurs ouvriers exploités en Afrique. Je ne peux plus regarder des personnes enchaîner assiette de charcuterie et viande au repas sans revoir tout ce que ça engendre derrière. Je ne peux plus voir les quantités de poissons vendus sans visualiser le cauchemar écologique qu'il y a dans nos océans. Je ne peux plus voir la mode vestimentaire sans voir le gaspillage et les mauvais traitements que cela occasionne. Je ne peux plus voir les transports en voiture pour les petits trajets sans penser au pétrole à et la pollution que cela engendre.

Mais je vois difficilement ma vie sans smartphone, sans plus jamais manger de viande, ni animaux de la mer, déambulant en vêtements troués par les années d'utilisation, ne me déplaçant plus qu'à pied ou à vélo même pour de longs trajets.

Pourtant chaque smartphone, chaque morceau de viande, chaque t-shirt, chaque démarrage de voiture a une incidence. Alors on fait comment ?

Si les arbres qui se font anéantir étaient ceux de ton jardin, de ton quartier, réagirais-tu ?

Si la destruction de l'écosystème marin te faisait suffoquer d'ici 1 h, la laisserais-tu se poursuivre ?

Si l'achat d'un pantalon délavé à 10 euros rendait ton voisin esclave et sous-payé, l'achèterais-tu ?

Si le démarrage de ta voiture pour aller chercher le pain à 1,5 km utilisait le dernier pétrole disponible, le ferais-tu ?

Je me répète sûrement (chapitre : ÉVOLUTION, LIMITER SON IMPACT, FAST-FASHION, LE MONDE D'APRÈS…), mais c'est parce que ça me tient à cœur et je ne comprends pas que cela ne soit pas le cas de la majorité d'entre nous. **Nous sommes tous connectés, qu'on le veuille ou non.** Êtres humains, animaux, végétaux, minéraux. Et même si nous ne sommes pas les plus grands responsables, est-ce une raison pour ne pas vouloir réparer les pots cassés ? Parce que responsables ou non, c'est nous et nos descendants qui allons payer l'addition ! **Nous formons tous un immense puzzle, et comme dans chaque puzzle, chaque pièce manquante compte.** Ce n'est pas parce que l'on vit à l'autre bout du puzzle, ou simplement parce que l'on ne voit jamais certaines pièces, que cela change quelque chose. Alors si ça te dit, on arrête de faire semblant d'être déconnecté des autres (êtres humains, animaux, végétaux, minéraux), on se rappelle notre place dans la chaîne et la nécessité de chaque maillon. Parce que si demain il n'y a plus de plancton sur Terre, on va tout droit à l'extinction de la vie (de la nôtre également).

---

Que penses-tu quand tu imagines l'impact de ta vie sur le monde ? Si cet impact se produisait sur des membres proches de toi, comment réagirais-tu ?

Est-ce que l'idée de cause à effet t'angoisse ? Pourquoi ?

---

La pensée de La Grenouille :
« Vos drones ne remplaceront pas le printemps »
À méditer.

# Besoin d'un lundi pour tout changer ou bien le changement c'est maintenant ?

Dans la famille « JEMETROUVEDESEXCUSESBIDONS », je voudrai l'Homme. Trouvé !

Où est-ce que c'est noté que les bonnes résolutions c'est uniquement le 1$^{er}$ **janvier**, que les nouveaux trucs on les commence un **lundi**, que les nouvelles routines ça se commence le 1$^{er}$ **du mois**… ? CONN\*RIES ! En anglais : BULLSHIT ! Qu'est-ce qu'on s'en moque de la date...

**Pour changer, il faut… se lancer !** Un jeudi 13 avril à 15 h 28, un jeudi 27 mai à 22 h 58, dans tous les cas si tu mets en place un changement tu te souviendras de sa date de départ. Et quand bien même tu l'oubliais, mis à part si tu fais cela pour la gloire, la date tu t'en moques !

Tu veux arrêter la viande ? Arrête la viande ! On s'en moque que « oui, mais vendredi prochain y a un repas avec les amis ça ne va pas être pratiqueuh... », quand on veut, on peut. Au lieu de trouver des excuses, trouve les solutions ! « Semaine prochaine j'arrête les sucreries » et pourquoi pas dès aujourd'hui, là, maintenant ? **Des excuses c'est facile à trouver** :

– Oui, mais je n'ai pas ce qu'il faut dans la cuisine là...

– Oui, mais il me reste des trucs à finir...

– Oui, mais avec les amis/famille ce n'est pas facile...

– Oui, mais si je vais me faire couper les cheveux peut-être que ça ne va pas plaire…

– Oui, mais en ce moment je dors mal je commencerai le sport quand ça ira mieux…

154

– Oui, mais aujourd'hui je suis fatigué, oui, mais aujourd'hui il pleut...

– Oui, mais je ne sais pas comment ça va être perçu par mon entourage...

– Oui, mais j'ai la voiture qui ne démarre pas...

– Oui, mais je ne peux pas j'ai poney...

Les solutions demandent plus de raisonnement, mais elles se trouvent aussi. Le plus important n'est pas de tout faire à la perfection, mais de se lancer. Avoir l'idée, l'impulsion, se lancer, essayer, échouer, recommencer...

**Ne sois pas intransigeant avec toi-même**, tu as eu l'idée et le courage de te lancer là ou d'autres n'ont même pas essayé. Il m'a fallu 3 grosses tentatives pour arrêter de fumer, 2 pour arrêter la viande. On n'est jamais fier quand on faute, quand on craque, mais ce n'est pas important. Ce n'est pas important non plus si tu abandonnes. J'ai abandonné moult et moult programmes sportifs et routines physiques, je ne compte plus le nombre de fois où on m'a dit « alors ton sport ? » et où j'ai dû répondre que j'avais abandonné et que j'avais tenu 4, 2, parfois 1 semaine. J'ai appris de ces échecs, je sais maintenant bien mieux qu'avant quel sport me convient, de quelle manière et à quelle fréquence. Je ne l'aurais jamais su sans essayer et sans échouer sur les autres pratiques.

**Lance-toi.** Suis ton intuition, ton ressenti corporel, ton désir et essaie. Juste, essaie. Tu n'imagines pas l'effet que cela peut avoir sur toi et autour de toi. C'est motivant de se motiver et c'est motivant de voir les autres se motiver.

> Si tu devais trouver une bonne résolution à faire, ce serait laquelle ? Pourquoi t'as pas commencé plus tôt ? Pourquoi tu ne commencerais pas aujourd'hui ? Excuses non acceptées, lance-toi !

La pensée de La Grenouille :
Lance-toi, au moins essaie.

# Son logement = son esprit, sa personnalité

Il est primordial de se sentir bien chez soi, peu importe le lieu et la surface.

Le meilleur moyen est qu'il reflète ta personnalité et l'esprit que tu souhaites développer.

Si tu n'es pas un maniaque, ne cherche pas à l'être. **À quoi bon se forcer pour répondre aux exigences de tes amis ou de ta famille ?** Bien sûr, je ne prône pas les slips sales sur le canapé, seulement ne donne pas l'image de ton logement en fonction de ce que veulent les autres.

Tu es plutôt quelqu'un qui n'aime pas le superflu ? Entoure-toi seulement d'objets utiles et/ou que tu aimes et mets l'ordre nécessaire pour retrouve tes affaires. Si cela reflète bien ta personnalité, cela suffira pour te sentir bien chez toi. Si tu te forces à faire mieux pour les autres sans voir de vrai intérêt pour toi, à la longue cela va te mettre une pression et te déranger. À l'inverse, si tu ne mets pas la clarté que tu as dans ton esprit au sein ton logement, cela va t'agacer et te « prendre la tête » en rajoutant du désordre désagréable à tes journées.

Si tu es plutôt artiste dans l'âme avec plein d'idées dans la tête, alors un logement rempli et avec de la diversité te conviendra, et au diable le minimalisme. Un appartement épuré et rangé te stressera probablement, car ce n'est pas ta manière de « mettre de l'ordre ». Organise-toi tout simplement un bordel organisé, à l'image de ton esprit, et au diable les conventions !

Ton truc c'est le changement, le mouvement ? Bouge te meubles de temps en temps pour changer tes habitudes et ce que tu vois. Encore une fois, que ton entourage ne comprenne pas ou râle parce que le canapé n'est jamais à sa place : ça les regarde. C'est ton logement, pas le leur. (Pense quand même aux voisins et privilégie des meubles faciles à bouger et des heures convenables).

Au-delà de l'aspect décoration qui est propre à chacun, le logement incarne notre nid, l'endroit où nous passons des heures. **Plus il sera à votre image,** plus vous arriverez à vous en contenter, et ce, malgré les inconvénients que vous pouvez lui trouver. **Plus tu seras à l'aise chez toi** plus ton entourage taira ses réflexions et/ou plus ses remarques cesseront de t'atteindre. C'est chez TOI.

Certains courants de pensée attribuent au logement une véritable connexion avec nous-mêmes, et ce en fonction des pièces. D'autres expérimentent un aspect énergétique propre aux espaces, avec des consignes à respecter pour un cadre de vie positif. Je trouve certains aspects intéressants, mais attention aux charlatans ! Si cela t'intéresse, renseigne-toi et prends les précautions nécessaires pour ne pas tomber sur des personnes malhonnêtes (réputation, formation, avis, tarifs, intuition...).

---

Ton appartement reflète-t-il ta personnalité ? Pourquoi ? Qu'aimes-tu ? De quoi as-tu besoin d'être entouré et dans quelle ambiance ? Quels sont tes notions et ton besoin réel de ménage ? Quelles sont les possibilités d'amélioration que tu pourrais envisager ?

---

La pensée de La Grenouille :
Garder l'essentiel
Embellir et aimer ce que l'on a.

# Évolution

Dans un monde où l'évolution est bien souvent associée à « **plus** » (plus de choix, plus d'options, plus d'équipements, plus de capacités, plus de progrès…) et au **zéro limite** (dépasser la maladie, dépasser la mort, dépasser la météo, dépasser la nature...), il est grand temps de se pencher sur la définition du mot « **évolution** ». **Nécessite-t-elle obligatoirement une augmentation ?**

Évolution : n.f. passage progressif d'un état à un autre. Et/ou : ensemble des modifications, stade atteint dans ce processus, considérés comme progrès ; développement.

**Sommes-nous au sommet de l'évolution** quand la plupart des produits qui sortent de nos industries ont des durées d'utilisation bien plus basses que les anciens (bâtiment, électroménager, électronique, etc.) ?

Sommes-nous au sommet de l'évolution quand ce que nous produisons, par la manière dont c'est fait, détruit bien plus qu'il n'apporte de solutions ?

Sommes-nous au sommet de l'évolution quand nous adoptons, dans la majorité des cas, un comportement néfaste au monde qui nous entoure en nous trouvant de bonnes excuses ?

Non, nous ne sommes pas au sommet de l'évolution et ce n'est certainement pas en poursuivant sur la lancée des dernières décennies que nous l'atteindrons le sommet !

Cette évolution n'est bonne **ni pour l'être humain, ni pour la faune, ni pour la flore.**

L'évolution actuelle est l'évolution vers la raison. Et la raison nous dit de « ralentir ».

La raison n'approuve pas la fabrication d'environ deux voitures par seconde dans le monde (Planetoscope, 2009), le gaspillage de 41,2 tonnes de nourriture chaque seconde dans le monde (Le Monde, 2017), l'existence de 75 % des terres agricoles mondiales dédiées uniquement à l'alimentation du bétail que l'on mange (ou gaspille) (Greenpeace 2017), l'obsolescence programmée de nos appareils, l'abattage de 451 millions d'arbres (soit 76 fois la surface de Paris) rien qu'en Amazonie de 2015 à 2016 (Greenpeace), la raison ne peut comprendre qu'un bâtiment de nos jours fissure en moins de 5 ans alors que les bâtisses bien plus anciennes tiennent des décennies avec brio, ni la détention de 82 % de la richesse mondiale par seulement 1 % de la population (2018, alternative économique)...

Et si dire cela me vaut d'être traitée de « **gaucho** » (qui n'est à ce jour plus une opinion politique de gauche, mais une insulte à toute pensée altruiste, humaniste et/ou écologique), alors qu'il en soit ainsi. Je n'éprouve aucune honte à me faire définir de la sorte, et comme l'a dit dans une interview Jérémy Ferrari « je trouve ça hyper chouette de dire [...] arrêtons la guerre, sauvons les dauphins [...] je préfère vraiment être démago qu'un gros con qui veut tuer les dauphins ». (Clique TV).

**Je n'ai personnellement qu'une envie, c'est cette évolution-là : celle de la raison.**

Et oui, la raison elle dit « ralentissez », mais faut arrêter de flipper avec ça ! Ralentir ça ne veut pas forcément dire revenir à l'époque de l'Homme des cavernes...

J'ai ralenti et raisonné ma consommation, mon rapport à l'environnement et à ce jour **je ne porte pas de slip en feuille de bananier.**

Nous avons tous le pouvoir de raisonner les choses, par notre consommation, nos valeurs, notre travail, notre solidarité. Sans oublier que nous ne sommes pas les seuls fautifs ! Les consommateurs se font suffisamment culpabiliser, je ne compte pas en remettre une couche.

N'oublions pas que la pollution industrielle y est pour beaucoup : rejet de déchets dans les cours d'eau ou dans la mer, rejet de substances nuisibles dans l'air... La pollution de l'air entraîne quasiment 3 millions de décès prématurés. Et il est là, notre deuxième pouvoir : **au-delà de notre propre consommation, nous pouvons induire un changement nécessaire des industries.**

Je ne vois aucune autre évolution envisageable. Et toi ?

---

Que penses-tu de l'évolution que prend notre monde ? Es-tu en accord avec elle ?

Comment imagines-tu l'avenir ? Et dans tes rêves, cela se passerait comment ?

---

La pensée de La Grenouille :
La vie, la diversité et le respect des deux.

# L'école (collège, lycée)

Si le système éducatif est le même qu'à mon époque, alors effectivement il est **complètement dépassé et tu as de quoi en avoir ras le bol** ! Tu vas devoir apprendre bêtement des choses par cœur alors même que tu n'y vois aucun intérêt (ex : théorème de Pythagore, l'anatomie d'une grenouille, tes verbes irréguliers en anglais…). Seulement, si c'est toujours pareil cette partie-là, il y a de fortes chances pour que le parcours se fasse aussi de la même manière. * De mon temps, le choix d'orientation se fait en 3ᵉ et il est souvent basé sur les résultats. Tu peux choisir la voie professionnelle ou la voie générale.

**Les + de la voie professionnelle :** se former directement pour un métier ou un domaine précis. Allier théorie et pratique. Pratiquer rapidement en conditions réelles grâce aux stages.

**Les + de la voie générale :** ouvrir différentes portes, laisser du temps pour définir ton choix d'orientation professionnelle, acquérir des connaissances générales plus approfondies, envisager toutes les écoles supérieures.

En attendant de devoir choisir ta voie, voici une petite aide te permettant (peut-être) de voir autrement tous tes a priori négatifs :

– « **Les chiffres c'est nul !** »
Tu n'y comprends rien ? Pourtant les chiffres sont partout, savoir les maîtriser t'ouvre des portes infinies. Pour construire, développer, analyser, programmer… qu'il s'agisse de machines, d'êtres vivants, de programme, de choses concrètes ou abstraites. Les chiffres sont

partout, depuis l'ordinateur que tu utilises jusque dans la prévision du temps qu'il fera demain. Ils te permettront de construire une fusée, répertorier des espèces, élaborer des programmes informatiques, prédire des solutions, etc. Pas une maison n'est construite sans les mathématiques, pas une entreprise ne fonctionnerait sans les mathématiques, pas de météo sans maths. Sans les maths, on ne construit pas, on n'échange pas, on ne répertorie pas. Les maths ne te « parlent » peut-être pas aujourd'hui, car elles sont trop abstraites, mais elles te parleront peut-être plus associées à un métier : ingénieur, mécanicien, coiffeur, informaticien, architecte, comptable, anesthésiste, biologiste, développeur web, directeur, médecin, vétérinaire, maçon, etc.

– « **Je n'y comprends rien à l'anglais/espagnol !** »

L'apprentissage des langues est rébarbatif, mais tellement important ! Il t'ouvre les portes du monde ! La plupart des pays sont anglophones, l'autre partie est hispanophone. Avec seulement deux langues, tu peux voyager dans la plupart des coins du globe ! Cela te permet de communiquer, apprendre, partager avec d'autres cultures et d'autres savoirs ! Tu peux t'en servir au travail, mais aussi dans ta vie personnelle au cours de tes voyages, afin de discuter avec qui tu veux et toujours te faire comprendre. À toi de rendre cela plus simple à l'école : regarde des séries ou films en Version originale avec les sous-titres, écoute des musiques et intéresse-toi aux traductions, apprends les paroles correctes. Cela rendra tes cours plus facilement assimilables et tu pourras te servir de tes connaissances. Voici des métiers où les langues sont primordiales : vendeuse, réceptionniste, maître d'hôtel, serveur, traducteurs, guide, etc.

– « **Les livres qu'on apprend en français ils sont trop ch\*ants !** »

Alors oui, il y a peu de chances que ta prof te fasse lire des bouquins qui t'intéressaient déjà. Mais sache que dans chaque livre il y a quelque chose à tirer. Il fait travailler ton imagination, ton élocution, il enrichit ton vocabulaire, ta culture. Savoir lire convenablement, avec fluidité, en visualisant est une vraie chance. Plus tu lis plus tu liras vite. Fais-toi la main sur ces livres obligatoires afin de t'offrir dès que tu le souhaiteras de vrais moments d'évasion, ou d'apprentissage. Savoir lire rapidement, avoir du vocabulaire, savoir repérer et retenir les informations importantes t'ouvriront les portes de différents métiers : auteur, blogueur, secrétaire, journaliste, traducteur, animateur/présentateur, professeur, bibliothécaire, rédacteur, etc.

Ai puit si j'écrivé comme sa tous aux long de se livre, ou bien que j'écrivait un mots à tes proffesseur en écrivent ossi bien que cela, tu aurait suremant honte de ta mère non ? Alors, apprends à écrire correctement, sans faute, c'est le minimum !

### – « Je m'en fiche de l'histoire ! »

Savoir que madame UNTEL a fait telle chose en telle année ne changera pas ta vie on est d'accord. Mais si je te dis que madame UNTEL en faisant cela a contribué à ton mode de vie d'aujourd'hui et que si elle ne l'avait pas fait tu ne serais pas exactement le même ? Ça change la donne ?

L'histoire actuelle n'est que le résultat de notre passé, au niveau national et international. Savoir ce qui s'est passé sert à comprendre ce qui se passe et à espérer un avenir plus heureux. Imagine ta vie sans connaître l'histoire de l'évolution humaine, sans savoir d'où l'on vient, comment est née notre république et ce qu'il y avait avant, sans avoir entendu parler de la guerre qui a frappé tes arrière-grands-parents. Tu arrives là dans ce monde sans savoir pourquoi de l'autre côté des Pyrénées ils parlent une autre langue, sans savoir pourquoi tous les 5 ans tu dois voter pour quelqu'un, sans savoir ce que représentent les statues avec des centaines de noms gravés dessus… ça serait bizarre, non ? Il est bien plus plaisant et rassurant de savoir et comprendre, non ? Comprendre que les Pyrénées sont une frontière naturelle avec l'Espagne, qui est un autre pays. Savoir que tu vis dans une démocratie où tu élis ton président de la République tous les 5 ans, et ce, grâce à la révolution qui a aboli la monarchie. Savoir que les statues avec des

163

noms gravés représentent les personnes mortes à la guerre et qui ont contribué à la résistance en France. Cela te donne des racines, un passé, cela te permet de comprendre ton présent et d'envisager l'avenir. Aborde l'histoire de cette manière, inspire-toi de tous ces héros de tous les temps, prend note de toutes les personnes mauvaises qui ont ponctué l'histoire. L'histoire se répète bien souvent. Bien des métiers ont besoin d'une bonne connaissance en histoire : ambassadeur, antiquaire, archéologue, conservateur de patrimoine, documentaliste, ethnologue, enseignant, guide/accompagnateur, historien, paléontologue...

– « **La géographie je n'aime pas !** »

À quoi ça va te servir de savoir le nom d'un fleuve en Turquie ? Bah déjà à comprendre pourquoi le kebab d'Anglet s'appelle l'Euphrate… mais aussi, comme pour l'histoire, à comprendre où tu es parmi ce vaste monde. Connaître les différences de démographie à travers le monde et leurs raisons. Connaître le monde dans son ensemble, envisager des voyages, des installations. Elle te permet de visualiser l'emplacement de différentes régions, de pouvoir visualiser l'origine des personnes que tu peux croiser dans ta vie. Cette matière est très importante dans différents métiers comme : capitaine, démographe, géographe, guide, météorologiste, navigateur, nivologue, professeur, conseiller en agence de voyages…

– « **La physique et la chimie c'est barbant !** »

Elle peut te paraître un peu floue, mais la physique/chimie est très concrète. De la compréhension de la gravité à la composition de notre univers, la physique/chimie permet de comprendre notre monde d'un point de vue scientifique. De la plus petite particule, à l'organisme le plus complexe, en passant par le vivant et le non vivant : tout dans ce monde est concerné par la physique/chimie. Elle s'immisce dans énormément de domaines, elle se retrouve dans des recettes de pâtisserie comme de cosmétique, elle régit les lois de notre corps, de notre univers. Elle permet la cuisine moléculaire qui transforme les matières des aliments, la fabrication de produits cosmétique, la fabrication de moteurs performants, la mise au point de médicaments. Elle permet de faire décoller un avion ou une fusée, fabriquer des ponts stables. Une multitude de métiers se servent de la physique/chimie : aromaticien, astronome, astrophysicien, biologiste, chirurgien, enseignant, infirmier, ingénieur, pharmacien, professeur, cosmétologue, cuisinier/pâtissier...

### Encore une fois, tout est une question de vision

Soit tu décides que l'école c'est nul et tu trouveras toutes les raisons du monde de trouver chaque matière ennuyeuse et inutile. Et tes notes chuteront rapidement.

Soit tu décides de considérer les choses sous un autre angle : l'école est obligatoire jusqu'à tes 15ans de toute manière, donc autant en tirer tout ce qui peut être profitable pour ton avenir.

Ce stade n'est qu'un passage, un premier pont vers ton avenir professionnel et personnel.

Plus tu te laisseras de portes ouvertes, plus tu auras le luxe de toujours choisir ce que tu veux.

**Exemples :**

**– Tu as de relativement bonnes notes partout :**

– Tu sais ce que tu veux faire plus tard. Tes résultats te permettront de choisir ta voie et de pouvoir changer d'avis, tu as une bonne culture, et aucune matière ne te posera réellement un problème plus tard, tes bases sont solides.

– Tu ne sais pas trop ce que tu veux faire, néanmoins toutes les opportunités s'ouvrent à toi puisque tes résultats t'ouvrent les portes de n'importe quelle école. Tu n'es pas restreint et peux poursuivre des études générales le temps de choisir.

**– Tu as négligé des matières et donc tu te retrouves avec de mauvaises notes :**

– Tu sais ce que tu veux faire plus tard et cela correspond aux matières que tu as travaillées, tu pourras suivre ta formation, mais si jamais tu changeais d'avis tes solutions de repli seraient restreintes.

– Tu ne sais pas trop ce que tu veux faire plus tard, tu devras choisir parmi les écoles qui veulent bien de toi avec tes résultats en dents de scie. Tes options sont limitées.

– **Tu as des notes plutôt moyennes, voire parfois mauvaises :**

– Tu sais ce que tu veux faire plus tard, mais tu peux te retrouver sur liste d'attente, car non prioritaire avec tes résultats.

– Tu ne sais pas ce que tu veux faire plus tard, heureusement le secteur des études professionnelles voudra bien de toi, mais tu devras choisir directement une voie de métier et ce sera dur d'en bouger

**Histoire vécue :** j'étais bonne élève, voire très bonne élève (souvent première de classe au début du collège). Seulement par manque de popularité, je me suis mise à me chercher une identité et je trouvais judicieux de faire comme les élèves « populaires » du collège : faire la rebelle. J'ai donc négligé mes cours, mes devoirs. Mes notes sont tombées en chute libre. Sachant que je n'étais pas devenue bête, mais juste que je faisais la feignante pour me donner des airs, j'étais loin d'imaginer ce que ça allait me coûter. Arrivée en 3ᵉ, je savais que je partirais dans le secteur professionnel, puisque *« suivre des cours qui ne servent à rien c'est pas pour moi, moi je veux du concret, c'est nul l'école »*. Je fais donc le choix d'un lycée professionnel pour la rentrée. Seulement voilà, bien que je n'aie pas eu les pires résultats, mon manque d'investissement étant évident pour les enseignants, j'ai été invitée à redoubler ma troisième et le lycée choisi m'a tout simplement mise 11ᵉ sur la liste d'attente. Horreur ! J'allais me retrouver sans mes copines, seule. Heureusement, par chance, j'ai pu accéder au lycée voulu, mais avec une erreur d'orientation. Bloquée dans le milieu professionnel, je perds deux années d'études en changeant de cursus. Une fois sortie du milieu scolaire et ne trouvant pas de métier idéal, j'ai effectué de nombreux tests de connaissances/compétences afin de choisir un métier. Ce qu'il en est toujours sorti est que j'avais des facilités dans tous les domaines et que les métiers faits pour moi auraient mérité des études plus poussées.

**Moralité :** si je n'avais pas bousillé mes chances au collège, j'aurais pu me payer le luxe d'effectuer des études poussées et d'accéder aux métiers qui me faisaient rêver à 20 ans. Et ce, sans passer plus de temps à l'école que je ne l'ai fait en choisissant le professionnel (2 ans BEP + 3 ans BAC + 2ans BTS = 7 ans, soit un BAC +4). Bien entendu, il est toujours possible de faire des reconversions à tout âge, mais essaie quand même de mettre ce temps à profit.

Et toi, tu veux devenir qui ? Tu fais quoi pour cela ? Quelles sont tes matières fortes ? Quelles sont tes matières faibles ?

La pensée de La Grenouille :
Tourne tout à ton avantage.

# Le bizutage

Comme j'ai pu le remarquer au détour d'une discussion avec une amie : **nous avons chacun notre propre définition du bizutage.** Elles vont des bizutages apparaissant dans les faits divers, à toutes les formes de harcèlement et en passant par le baissage de culotte. Ce dernier point est personnel.

Je me suis sentie pendant des années une « victime de bizutage », n'en déplaise à mes anciennes camarades de classe. On ne m'a pourtant pas mis la tête dans les toilettes, on ne m'a pas harcelée en classe ou sur internet, on ne s'est pas mis en cercle autour de moi pour m'insulter, néanmoins je me suis sentie bizutée. Me trouver contrainte de montrer à 14 ans mes poils pubiens en cours de sport parce qu'une fille a jugé ça drôle a fait naître en moi le sentiment d'être bizutée.

**Et je voudrais expliquer par là qu'il existe autant de manières de se sentir bizutée que de degrés de sensibilité.** Pour une personne ceci n'est rien, pour une autre c'est blessant.

Il est important de prendre en compte la sensibilité d'autrui, et ce, sans jugement. Comme tout autre trait de personnalité, comme toute qualité ou tout défaut, la sensibilité a un passé, une raison. Personne ne devrait se permettre de juger. Qu'il y a-t-il de mal à être trop sensible ? Une « mauviette », laissons chacun évoluer à sa vitesse. Les « mauviettes » ne font de mal à personne. Les encourager à s'endurcir oui, cela peut être important, mais pas de cette manière.

**Il est du devoir de chacun, à tous âges, de garder un œil sur le moindre signe** de bizutage ou d'humiliation si vous préférez. Les témoins, personnages neutres, ont un grand pouvoir pour retourner la situation : ne pas encourager, dénoncer, protéger, détourner l'attention, à chacun son superpouvoir.

**Il faut démystifier également « les bourreaux », les « méchants » de l'histoire.** Alors ce n'est pas toujours évident, moi-même je me suis longtemps positionnée en victime et considéré la personne concernée comme la « méchante ».

La réalité est tout autre.

Je doute fort à présent que cette personne SOIT méchante. Qu'elle ait fait un geste méchant, de mon point de vue c'est incontestable, puis-je en dire autant de son point de vue ? Elle a pu être motivée par une tierce personne, vouloir rigoler, ne me baisser « que » le pantalon, trouver ça anodin et non rabaissant... Je ne suis pas dans sa tête. Néanmoins, cette personne ne fait pas QUE du mal, ce n'est pas son passe-temps favori. Elle m'a baissé mon pantalon, elle n'a pas tué un bébé chat.

Ce que je veux dire, c'est qu'il faut dédramatiser cette personne. Ce ne sont pas les méchants dans les dessins animés, des personnes complètement mauvaises, c'est rare. Des personnes avec moins de sensibilité, moins d'empathie, cependant, c'est fort probable. Quant à ceux qui aiment embêter, taquiner, tester, bien souvent ce sont des personnes en quête d'attention. Une personne qui traite de mauviette ne se sent probablement exister que par sa prétendue force et ne s'autorise pas à être sensible, en a probablement peur (voir chapitre les ombres).

Pour résumer : baisser le slip d'un copain parce qu'on sait qu'il s'en moque et qu'il va rire : OK.

Baisser le slip d'une personne dont on ignore la réaction pour faire rire ses propres copains : pas OK.

Et ceci est valable pour tous les gestes et tous les mots. Et c'est en ouvrant l'œil, en restant vigilant, en réagissant tous de manière proportionnée que la hiérarchie dans les écoles sera plus sereine.

As-tu déjà été témoin de scènes rabaissantes ? As-tu déjà été victime de scènes rabaissantes ?
As-tu déjà été l'auteur de scènes rabaissantes ? Comment as-tu réagi ? Si tu pouvais revivre la scène, tu réagirais comment ?

La pensée de La Grenouille :
Entraide ou respect ou ignorance,
mais rien d'autre
dans la cour de récréation, dans la classe et dehors.
Point barre.

**Parce qu'être une grenouille c'est 24 h/24, 7J/7[4] voici le mode d'emploi de la vie d'une grenouille.**

## LA JOURNÉE-TYPE DE MES PETITES GRENOUILLES

Réveil programmé pour avoir le temps de bien faire les choses (si pour toi bien faire c'est faire vite pourquoi pas)

– Ouvrir les yeux et s'asseoir dès la première sonnerie. Prendre un instant pour se réveiller confortablement, respirer, s'étirer, bâiller.

– Sortir du lit avec un petit sourire aux lèvres.

– Entamer sa routine quotidienne du matin[5].

– Avoir une attitude empathique ou altruiste sur son trajet de travail

– Être concentré sur son travail, faire de son mieux sans se dévaloriser.

– Prendre une véritable pause le midi (pas de travail, repas agréable en conscience, avoir un lien social autre que celui propre au travail, se détendre (musique, respiration...).

– Après-midi au travail similaire au matin.

– Laisser le travail derrière soi dès que l'on rentre chez soi[6] (noter si des idées importantes doivent être retenues).

– Prendre le temps de « rentrer chez soi » (bonne respiration en rentrant, déposer ses affaires, pourquoi pas changer de vêtements, saluer tout le monde si on ne vit pas seul (y compris les animaux).

---

[4] Au mieux

[5] Routine quotidienne du matin : cela regroupe TOUS les actes qui nous permettent de commencer la journée en forme et du bon pied. Cela va des besoins essentiels comme boire, manger, se laver, s'habiller, aux gestes plus « secondaires » de prendre le temps d'un câlin au conjoint(e)/chat/chien, écouter de la musique, faire des étirements (voir « ces routines qui font du bien »).

[6] Dans la mesure du possible, se fixer un temps dédié au travail si besoin, mais ce temps doit être délimité

171

– Se poser ne serait-ce que 5 min pour débriefer de sa journée et la laisser de côté.

– Visualiser ce qu'il y a à faire (classer du plus au moins urgent), le temps qu'il reste (en comptant un coucher raisonnable) et imaginer le plan d'action.

– S'adonner à ses tâches (déléguer si besoin/possible) en les rendant agréables au maximum (parler en même temps à quelqu'un, écouter de la musique, créer une ambiance sympathique…).

– Prendre un temps avant ou après manger pour décompresser, zéro obligation, que du plaisir.

– Manger en conscience, en fonction de son corps, bien mâcher, avoir le moins de distraction (éviter les écrans).

– Entamer sa routine quotidienne du soir.

– Éprouver une sincère gratitude pour tout le bien de cette journée (5 choses minimum) en conscience.

– Se coucher en fonction de ses besoins.

# Mes petites grenouilles font les courses

Peu importe les conditions dans lesquelles tu pars faire tes courses, le reste du monde n'en est pas responsable.

– Adapter sa vitesse au parking, indiquer la volonté de se garer.

– Se garer en respectant les places dédiées ou non et leurs délimitations. Ne pas doubler, ne pas dépasser des lignes blanches, ne pas occuper les places handicapées. Ne pas déranger les autres occupants (du parking, de la voie, automobilistes, piétons et deux-roues).

– Ne pas marcher au milieu de la route, prendre en considération les autres personnes, sourire, dire bonjour.

– Proposer son aide si quelqu'un galère (personne âgée, ou petite).

– Laisser son caddy à un endroit où il gêne le moins.

– S'excuser quand on passe devant quelqu'un qui cherche un article.

– Éprouver de la gratitude quant à la chance de pouvoir avoir le choix de ce qu'on mange, avoir les moyens de se nourrir. On ne fait pas partie des gens qui font les poubelles, qui ne mangent que ce qu'on leur laisse ou ce qu'on leur donne. On est ici, car on a l'argent pour se nourrir et on a accès à un large choix de nourriture. Ce n'est pas le cas de tout le monde. Alors on sourit, la vie est belle.

– Laisser les rayons propres, ramasser ce qui est tombé, le ranger.

– On considère les gens autour de nous ou à défaut on ne dérange personne.

– Anticiper son passage en caisse (moyen de paiement sur soi, besoin ou non de poches, tous les articles sont dans le caddy), s'organiser en fonction.

– On choisit une caisse en prenant en compte la présence d'autrui (personnes prioritaires, ordre d'arrivée). On propose à une personne prioritaire (femme enceinte, personnes âgées, personnes handicapées) ou avec peu d'articles de passer devant. On se met à la place des gens, on agit avec eux comme on aimerait qu'ils agissent avec nous. On relativise le temps d'attente.

– Saluer la caissière, sourire, un petit mot gentil pourquoi pas

– Adapter son temps en fonction de l'affluence (ne pas monopoliser une caisse quand il y a du monde).

– Ne laisser aucune trace de son passage (pas de déchets en caisse ou par terre).

– Remercier la caissière, lui dire au revoir.

– Sortir de la boutique satisfait, c'est une action qui répond à notre besoin primaire de nous nourrir et qui peut nous procurer du plaisir (bon repas, gourmandise), c'est une belle chose d'accomplie.

– Regagner le parking en prenant en compte les autres usagers.

– Sortir de sa place en l'indiquant (clignotant), adapter son allure à la zone, être cordial avec les autres usagers.

Tu viens d'accorder du temps au choix de ta nourriture, en fonction de tes besoins, de tes envies et de tes possibilités. C'est une chance qui n'est pas accordée à tout le monde sur cette Terre (manque d'argent, manque de commerce, impossibilité de se déplacer), toi tu peux te le permettre. Alors comme tout dans ta vie, savoure ![7]

**« C'est pénible, c'est long »** : organise-toi, fais-toi une liste, va à l'essentiel. Ça peut être très rapide.

**« Une chance ? Je fais mes courses dans un discount »** : pas besoin de homard pour être heureux, tu ne manges pas à la soupe populaire, il y a toujours pire que toi. Tu peux faire des festins avec peu, renseigne-toi, organise-toi.

---

[7] Si ce moment est désagréable pour toi, alors change ta manière de penser !

« **Y a trop de monde je n'aime pas la foule** » : adapte ton lieu de course et si ce n'est pas possible, écoute de la musique, mets-toi dans ta bulle, fais-toi une liste établie selon l'ordre des rayons, tu croiseras moins de monde.

« **Je ne sais jamais quoi prendre, je finis toujours avec trop d'articles !** » : élabore-toi des menus pour la semaine, regardes des recettes, ne fais pas les courses en ayant faim, tiens-t'en à ta liste de course ne prends pas plus.

« **Trop de cons dans les supermarchés** » : deviens celui que tu aimerais croiser ! À force de sourire et être poli, tu croiseras de plus en plus de personnes qui te rendront ton sourire, qui viendront te parler. Exprime quelque chose d'avenant et poli et tu dérideras certains cons, et ça fera plaisir à d'autres gens sympas comme toi.

« **Je préférerais ne jamais avoir à les faire !** » : soit tu as les moyens de te passer des courses (livraison de plats, restaurant...), soit quelqu'un peut le faire à ta place (demande, négocie, échange contre une autre tâche : sois équitable !), soit tu ne peux pas t'en défaire. Si tu ne peux pas t'en défaire, à quoi bon râler contre l'inévitable ? Fais une liste, fais-les avec un copain, écoute de la musique, fais un drive (commande internet), sympathise avec le personnel ou les habitués que tu croises, il existe un millier de manières de te rendre cette corvée moins pénible. Mets-y du tien, tu verras que ce n'est pas si horrible.

# Mes petites grenouilles prennent le transport en commun

Déjà, si tu pars dans l'optique d'agir auprès des autres comme tu aimerais qu'ils agissent avec toi, ça devrait être pas mal.

– Saluer le conducteur ;
– Payer ton titre de transport ;
– Prendre une place en respectant les autres usagers (ne pas prendre deux places si c'est bondé, priorité aux personnes vulnérables) ;
– Ne pas incommoder les autres[8] (si tu as oublié tes écouteurs, c'est ton problème, tout le monde n'aime pas ta musique alors tu oublies le haut-parleur), ne pas hurler (même si ton téléphone capte mal), ne pas se moquer d'autres personnes ;
– Aider si quelqu'un en a besoin (poussette, caddy lourd, sac qui tombe...) ;
– Prévenir de ta sortie (t'organiser pour ne pas bousculer, prévenir le chauffeur) ;
– Remercier le chauffeur, dire au revoir.

C'est à cause de l'ignorance des gens que l'incivilité sévit, l'union fait la force. Si tu étais pris à parti, tu aimerais que les passants t'ignorent ? Penses-y si le jour où tu es témoin. Agis sans te mettre en danger.

---

[8] Dans le cas où quelqu'un incommode les autres usagers : faire preuve de diplomatie en expliquant la gêne. Chercher du regard l'approbation de ses pairs, la motiver si besoin sans jamais la forcer. Prévenir le service responsable si nécessaire.

# Mes petites grenouilles en voiture

Ce n'est pas parce que tu es en voiture que tu dois soudainement te sentir pousser des ailes et devenir une autre personne.

Ton retard n'est d'aucune manière dû aux autres usagers, mais à ton manque d'organisation. Dans le cas où tu étais organisé, en avance, mais que tu finis en retard à cause de la route (accident, travaux, gros bouchons exceptionnels...), la ponctualité de ce retard ne devrait pas poser un problème (justification, preuve).

– Tes feux fonctionnent, tu sais les utiliser, tes clignotants aussi.

– Maintenir une distance raisonnable et adaptée avec le véhicule précédent.

– Prévenir les autres usagers avant tout changement de direction ou de file par les clignotants adaptés.

– Ne pas bloquer un carrefour (même si ton feu était vert), anticiper.

– Prendre les ronds-points comme indiqué dans le Code de la route, refaire un tour si problème.

– Ne pas stationner où ça gêne.

– Contrôler tes angles morts, tes rétroviseurs

– En cas d'erreur, si nécessité de changer de file, indiquer par le clignotant et regarder les personnes concernées par ce changement de file, s'excuser, remercier.

– Laisser passer une voiture pour fluidifier le trafic quand cela est normal et sécure (bouchons, carrefour, rond-point, voie d'insertion...)

– Comprendre qu'une vitesse lente, mais stable cause moins de bouchons que des accélérations rapides suivies de freinages.

– Ne pas insulter la personne plus que ce que tu ne le ferais à pied, la regarder droit dans les yeux. Parce que non, être dans une voiture ne fais pas de toi Hulk, tu te calmes. Relativiser la faute commise[9].

– En cas d'arrêt par la police ou la gendarmerie : être honnête. Les policiers et les gendarmes (comme la plupart des êtres humains) n'aiment pas être pris pour des débiles[10].

– Être indulgent avec les autres automobilistes. Nous n'avons pas tous les mêmes capacités ni la même aisance sur la route. Certains sont paniqués par les virages, d'autres par les voies étroites, d'autres par les différentes files, d'autres par les voies d'insertion, d'autres n'ont aucune mesure de l'envergure de leur voiture... Ces personnes te dérangeront peut-être une fois ou deux, mais eux vivent probablement un vrai calvaire à chaque conduite. Aide ceux qui t'entourent, tout s'apprend. Et sois reconnaissant de ne pas faire partie de ces boulets de la route.

---

[9] La plupart du temps, il n'y a même pas de contact entre le véhicule en question et le tien. Il s'agit essentiellement de ton sentiment de peur (risque d'abîmer ta carrosserie, risque d'être blessé) et de ton sentiment de colère (non-respect de ta présence sur la route)

[10] Ce n'est pas en prétextant ne pas avoir commis une faute que tu t'en sortiras. Tu as commis une erreur ? Assume, rends compte de la gravité de cet acte :

- Vous savez pourquoi je vous arrête ?

- Oui, je n'ai pas marqué le stop, je l'ai glissé.

# Mes petites grenouilles dans la nature (Balade)

Quand l'on se rend dans la nature, il y a de fortes chances que ce soit pour se ressourcer, se détendre.

On recherche la beauté du paysage, le calme ambiant.

Personne n'est ravi à l'idée de glisser sur une crotte, trouver des déchets tous les 10 mètres, et remarquer la disparition des fleurs ou du moindre champignon.

Pour autant, si on a déjà trouvé un caca à peine recouvert de papier toilette au sol, des emballages ou bouteilles plastiques par terre ou décorant les buissons et des plantes arrachées... C'est bien qu'il y a eu quelqu'un pour déféquer au sol, jeter ses emballages au vent et arracher les plantes, non ?

Alors afin d'éradiquer cette race de malpolis, faisons tourner ce mode d'emploi des sorties nature vu que les pancartes de prévention aux départs des randonnées ne suffisent apparemment pas :

– Prévoir en même temps que la tenue adéquate, l'équipement adéquat, le nécessaire au zéro déchet :

Cendrier de poche, poche plastique pour regrouper les déchets (si pique-nique par exemple).

– N'emporter que le nécessaire, organiser son sac.

– Marcher sur les sentiers afin de respecter le végétal autour, de pas piétiner de plantes, elles étaient là avant vous.

– Ne pas cueillir ou alors le strict minimum, en respectant la rareté de la plante et sa capacité de reproduction.

– Ne pas confondre le pottok avec le chien de mamie, respecter les animaux sauvages et semi-sauvages. Ne pas les effrayer, ne pas les nourrir avec n'importe quoi, respecter leur rythme.

– Ne RIEN jeter en dehors des poubelles prévues à cet effet, tu as des mains, des poches, un sac : tu te débrouilles et s'il faut tu attends de rentrer chez toi pour pouvoir jeter convenablement tes déchets (par la fenêtre de la voiture en roulant, ce n'est pas non plus convenable)

– L'affluence de certains endroits peut être parfois gênante. Afin de faciliter le déplacement de tous, tiens compte des personnes qui t'entourent afin de laisser la place aux plus rapides, par exemple : adapte ta position en fonction du flux, choisis des lieux de pause qui n'entravent pas le parcours des autres utilisateurs.

– N'hésite pas à communiquer avec le monde qui t'entoure. Sans être obligé de parler, un sourire suffit. Si tu n'es pas timide, tu peux aussi dire bonjour, souhaiter une bonne marche, proposer ton aide pour prendre une photo…

– Petit bonus : en respect des mesures sanitaires, tu peux aussi ramasser quelques déchets qui ne t'appartiennent pas par solidarité avec les autres personnes bien élevées comme toi qui vont emprunter ce chemin.

Comme dans les autres domaines de la vie, sois celui que tu aimerais croiser. Que ce soit le jovial avenant ou l'introverti poli, devenons tous une personne sympa à croiser (ou du moins pas gênante), et on arrêtera peut-être un jour de croiser des cons...

# Mes petites grenouilles dans un restaurant

La plupart du temps, on se rend au restaurant accompagné. Parfois non.

Dans tous les cas, le personnel du restaurant n'est absolument pas responsable de votre arrivée en retard.

Alors on essaie d'être ponctuel ou au pire on prévient (prévenir, c'est avant l'heure de rendez-vous initiale) et on s'excuse.

– On salue, on est poli et si possible souriant, on est au restaurant c'est sympa

– On respecte la capacité de couverts du restau et les emplacements disponibles, on ne se prend pas pour Valérie Damidot en essayant de caser une table de plus comme ci ou comme ça pour être à côté de la fenêtre (les demandes, c'est à la réservation)

– On respecte les employés : le serveur ne cuisine pas. S'il y a du retard, il est aussi (voir plus) au courant que toi de ce fait. On relativise, râler ne fait pas chauffer la poêle plus vite.

On respecte les employés : le serveur ne cuisine pas. Si « ce n'est pas bon », il ne va pas pouvoir faire grand-chose mis à part renvoyer le plat : abrégez sa souffrance, soyez clair sur le problème et bref. Ne demandez pas son avis, il travaille pour le restaurant... même si c'était le cas, il ne vous répondrait jamais « c'est normal ici on sert de la m*rde ».

On respecte les employés : le serveur n'est pas né « serveur ». Une erreur de plat, un plat froid, une maladresse ? Le stress, l'affluence, les débuts, l'erreur est humaine. Le serveur, comme le cuisinier, comme le restaurateur : tous ont à cœur de satisfaire le client. Si quelque chose

181

gêne, il suffit de l'expliquer avec bienveillance, il y a toujours une solution ou un compromis.

On respecte les employés : le serveur n'est pas un objet. Peu importe la tenue, le sourire, le corps du serveur et votre alcoolémie ou votre humour, le serveur est là pour SERVIR vos plats, pas VOUS SERVIR. Évitez toute blague lourde ou suggestion hasardeuse, laissez-le travailler. Si vous avez un coup de cœur, laissez un mot, donnez votre numéro, ou dites-lui une phrase, mais en fin de repas c'est préférable.

– On commande en fonction de son appétit, on évite le gâchis. On demande (selon le restaurant), un « doggy bag », il est préférable d'honorer la cuisine en la rapportant chez soi plutôt qu'elle soit jetée.

– Si vous le pouvez, démocratisez le pourboire. Outre remercier le serveur pour son bon service, cela peut inciter les autres clients à en donner aussi.

– On peut donner son avis en partant, il est toujours intéressant pour un restaurateur de connaître l'appréciation de ses clients. Si on est déçu, ne se permettre que des critiques constructives, bienveillantes, en admettant qu'elles soient personnelles, et les faire de manière privée. Dans le cas d'un coup de cœur, n'hésitez pas à partager votre contentement sur les réseaux ou par bouche-à-oreille, c'est un très bon moyen d'aider le restaurant en question.

# Mes petites grenouilles dans un espace public

Qui dit « public » dit « t'es pas tout seul » ...

– Défi zéro trace : aucun déchet, à aucun endroit, d'aucune manière.

– Respect du bruit dans le cadre légal et le cadre « logique ». Adapter son volume sonore au lieu, à l'horaire, à la fréquentation et au voisinage.

– Ne pas gêner le passage d'autrui, ne pas bousculer

– En cas de dérangement (personne n'est parfait), oser regarder l'autre, s'excuser.

– Un sourire, ça ne coûte rien.

– Considérer chaque être humain, respecter les sans-abris : saluer, sourire, donner si possible (boisson, nourriture, argent...)

– Prêter secours si besoin : à un papy avec un caddy et un gros trottoir, une maman avec une poussette. Aider par signes quelqu'un qui a du mal à se garer, renseigner un touriste...

# Mes petites grenouilles dans une administration

Il y a de fortes chances pour que ça prenne un petit moment… avant tout dossier ou pièce justificative : se munir de patience. Le temps pouvant effacer ta gaieté au fur et à mesure, se rendre sur le lieu avec une bonne dose de joie (écouter de la bonne musique, rendre une partie de sa journée productive, bien manger…) peut s'avérer utile. Une fois en condition optimale :

– Être correctement préparé : pièces nécessaires au dossier, documents remplis, photocopies...

– Être au moins ponctuel, sinon un peu en avance : sans personne en retard, déjà on attend moins. (Prévoir également le temps de vous perdre parmi les services si c'est une première fois.)

– Être poli et courtois et en toutes circonstances.

– Faire preuve d'honnêteté et de bonne foi : ne pas mentir, assumer ses erreurs (négligences, retards, etc.)

– Signaler ce qui ne va pas à qui de droit, inutile de brailler sur la secrétaire. S'adresser non pas à ceux qui subissent autant que vous, mais à ceux qui dirigent. Vous vous doutez bien que Jeanine au comptoir elle n'y est pas pour grand-chose...

# Mes petites grenouilles au travail

Que ce soit purement alimentaire ou un métier-passion, tente de travailler de la même manière. Tu ne peux jamais savoir ce que la vie te réserve, ton job alimentaire peut t'ouvrir la porte du travail de tes rêves, comme le métier de tes rêves peut te renvoyer au travail alimentaire, tout dépend de ton attitude.

– Être en avance ou ponctuel, jamais en retard.

– Être dans de bonnes dispositions : motivation, énergie, volonté

– Savoir laisser ses problèmes personnels dans le vestiaire.

– Faire toujours de son mieux dans le respect du cadre de ta fonction.

– Oser demander, essayer, prendre des initiatives.

– Accepter les critiques constructives, assumer ses erreurs

– Aucune médisance entre collègues

– Adopter une communication bienveillante avec tout le personnel.

# Mes petites grenouilles en boîte de nuit

Même la nuit et bourrée, la petite grenouille n'est pas un connard/une connasse (ou pas trop, quoi...)

– Tu remballes ta fierté si tu te fais recaler

– Tu respectes le lieu : tu ne salis pas, tu ne casses pas, tu ne dégrades pas. Et si jamais ça se produit, tu assumes et t'excuses en personne (la grenouille assume ses bêtises).

– Tu respectes les employés : tu es poli, indulgent et patient, et tu essaies de rester cohérent (il est là pour te servir à boire, pas pour apprendre que tu es là parce que Martine t'a quitté hier et que t'es triste)

– Tu respectes l'espace de chacun. Déjà que l'espace est assez restreint en boîte, merci de pas pousser, coller, etc.

– Tu respectes les autres usagers : pas de violence, ne pas être « lourd », rester poli

– Tu respectes les envies de chacun : proposer de danser, inviter à boire un verre c'est OK. Insister ce n'est pas OK !

# Mes petites grenouilles en vacances

Que ce soit pour une journée, un week-end, une semaine ou bien plus : tu es heureux ! Tu es content et reconnaissant du plaisir que tu vas pouvoir te procurer, et peu importe où tu vas :

– Tu respectes le lieu : tu respectes les règles de comportement à adopter, tu ne pollues pas, ne déranges pas.

– Tu respectes les habitants : leurs croyances, leurs coutumes, leurs habitudes

– Tu t'imprègnes de l'histoire, du mode de vie du lieu (cela contribue à ton dépaysement et ta culture)

– Tu fais de ton mieux : tu t'adaptes aux normes de politesse, à la langue locale...

– Tu adoptes le même comportement respectueux au restaurant, en boutique, en balade.

# Mes petites grenouilles sauvent des vies

Ouais, ça, c'est le côté « superpouvoir » de la Grenouille ! Cela prend moins d'une heure et avant de partir tu es récompensé avec une superbe collation digne de tes meilleurs goûters d'enfance ! J'ai nommé : le don du sang. Alors oui, si tu as peur des piqûres, tu viens sûrement de pâlir (pardon)... mais si t'as pas peur des piquouses ou que le ratio « aïe » 1 min / 3 vies sauvées grâce à toi te donne envie de poser tes ovaires/testicules sur la table (de manière figurée bien sûr), et d'oser y aller :

Sur rendez-vous ou non (suivant l'endroit et/ou la période), quand tu y vas tu es en forme, hors menstruation pour les femmes, et tu manges et tu t'hydrates avant.

– Tu te présentes à l'accueil où l'on te remet un document à remplir. Il s'agit d'un QCM où tu dois répondre par « oui », « non », ou « je ne sais pas ». Tu trouveras des questions sur ta santé, tes voyages, ta vie sexuelle, etc. On te donne également de l'eau, bois-en (tu iras aux toilettes après, t'inquiète).

– Tu as ensuite l'entretien de pré-don où l'on revoit ton questionnaire pour être sûr que tout est bon. Par exemple, il m'a permis de rectifier que je n'avais pas eu 4 partenaires en 4 mois... (je n'avais pas vu le « les 4 derniers mois » écrit au-dessus, je pensais que c'était dans ma vie entière bref... oups !)

– Une fois que tes boulettes ont été corrigées, tu passes au prélèvement qui dure 10 min. On te « pinch » le bout du doigt pour vérifier (si c'est ta première fois, ou si ça fait longtemps que tu n'es pas venu) que tu es suffisamment en forme pour te faire prélever. Si oui, tu t'installes confortablement, allongé, bras sur un accoudoir. La piqûre se sent pendant une ou deux secondes, ensuite tu ne ressens plus rien du tout. Libre à toi de regarder ailleurs que la poche qui se remplit ou même de regarder ton portable. Pour faciliter le travail, tu « pompes » avec ta main une balle (ou le vide). Quand la poche est remplie (poche adaptée à ton gabarit et à ta forme), ça bipe, on te met un pansement et tu pars.

– Récompense pour le superhéros que tu es ! Comme tu viens de sauver 3 vies, on te remercie avec une bonne collation (la dernière fois j'ai eu : ourson guimauve, gaufrette au chocolat, jus de fruits, pâte de fruits, biscuits, compote). Si tu as un rendez-vous après, passe par les w.c., généralement tu en es à facile 750 cl de liquide ingurgité (avant le rendez-vous, pendant, la collation).

Voilà, c'est fait ! Tu peux revenir selon le laps de temps recommandé pour toi (étant fine et souvent à la limite de pouvoir donner mon sang, je ne dois pas revenir avant 6 mois), cela dépend de plusieurs critères.

Ne prévois pas une journée physique après le don et hydrate-toi convenablement.

# Pour les jours où ça, ne va pas fort

*C'est la répétition d'affirmations qui mène à la croyance. Et une fois que cette croyance devient une conviction profonde, les choses commencent à se produire.*

Mohamed Ali

*Rien ne t'emprisonne, excepté tes pensées, rien ne te limite, excepté tes peurs, rien ne te contrôle, excepté tes croyances.*

Marianne Williamson

*L'espoir brille à l'horizon, laisse ses rayons t'éblouir, quelques soient tes lésions, tu finiras par guérir.*

Kery James et Corneille

*J'ai appris que le courage n'est pas l'absence de peur, mais la capacité de la vaincre.*

Nelson Mandela

*Souciez-vous de ce que pensent les autres et vous serez toujours leur prisonnier.*

Lao-Tseu

*Les Hommes ne sont pas prisonniers de leur destin. Ils sont prisonniers de leur propre esprit.*

F. D Roosevelt

*Je vous dirai que je n'ai jamais eu d'échecs dans ma vie. Il n'y a pas d'échecs. Il y a des leçons épouvantables.*

O. Winfrey

*Vis comme si tu devais mourir demain. Apprends comme si tu devais vivre toujours.*

Gandhi

*Sois le changement que tu veux voir dans le monde.*

Gandhi

*Ce qui éclaire l'existence c'est l'espérance.*

J. D'Ormesson

*Ton estime de soi est déterminée par toi. Tu n'as pas à dépendre de qui que ce soit pour te dire qui tu es.*

Beyoncé

*J'ai fait un pas immense le jour où j'ai compris que j'étais seul à entretenir mes souffrances.*

J. Salomé

*Libérez-vous de l'esclavage mental. Personne ne peut libérer votre esprit sauf vous.*

Bob Marley

*Où il y a unité il y a toujours victoire.*

Publilius syrus

*La multitude qui ne se réduit pas à l'unité est confusion ; l'unité qui ne dépend pas de la multitude est tyrannie.*

Blaise Pascal

*Je continuerai à me relever quand je touche le sol.*

Sia, *Never give up*

*J'ai pris la place de personne, j'ai rajouté un fauteuil.*

Orelsan, *Vizioz*

*Si tu veux faire des films, t'as juste besoin d'un truc qui filme. Dire « je n'ai pas de matos ou pas de contact » c'est un truc de victime.*

Orelsan, *Note pour trop tard*

*Et moi je compte sur les gens, sur les gens intelligents, ce sont eux les plus dérangeants, c'est avec eux, soudés et solides comme la soudure, que jusqu'au dernier soupir, on contrera les coups durs.*

Danakil « Marley »

# Ces trucs à faire qui peuvent faire du bien

**Voici quelques pistes déposées ici qui peuvent t'amener à plus de découvertes. Si une (ou plus) de ces choses te parle(nt) renseigne-toi sur dans les livres, sur internet, etc.**

EXERCICE DE RESPIRATION
Cohérence cardiaque (inspiration 5 secondes, expiration 5 secondes)
Grandes respirations profondes (gestion des douleurs ou de la colère)
Respiration du petit chien (douleurs)
Respirer de manière volontairement chaotique [11] (si vous ne souffrez d'aucun problème de santé, pour lâcher émotionnellement)
Respiration alternée (inspiration et expiration d'une seule narine, alterner avec l'autre)

EXERCICES D'EXTÉRIORISATION
Écriture (flot de pensées, journal, affirmations...)
Crier (dehors, isolé, dans un coussin...)
Taper dans un coussin, dans un sac de frappe
Musique à écouter, chanter, danser (seul)
Aller prendre l'air
Courir

---

[11] *Uniquement si t'as pas peur d'avoir l'air bête.*

## EXERCICES GESTION DE CONFLIT

Types de phrases de désamorçage « je perçois ça de cette manière », « quand tu fais… j'ai l'impression que... », « je souhaiterais… parce que... » (communication non violente)

Faire un bilan personnel écrit (ses limites, ses valeurs, ses envies d'évolution, ses ombres...)

Exprimer avec respect ses limites, ses valeurs, son désir d'évolution, ses ombres

## EXERCICES BIENVEILLANCE

Sourire aux inconnus

1 action par jour (tenir une porte, laisser passer en voiture, dire bonjour…)

1 moment rien que pour soi par jour (30 min minimum)

Trouver l'opportunité de complimenter 1 fois une personne par jour

Être altruiste sur la route

## EXERCICES DE CONSCIENCE

S'intéresser à la provenance de ce que l'on achète.

Imaginer les raisons probables du mauvais comportement d'un inconnu (pas tenu la porte, parce que pressé, changement de file brusque parce que perdu...)

Éprouver 5 fois par jour de la gratitude pour quelque chose (le dire ou l'écrire ou l'exprimer en pensée consciente).

Prêter attention aux sensations de son corps 1 fois par mois.

Garder et entretenir un esprit critique et son libre arbitre (recherches, vérifications, ouverture d'esprit...)

## EXERCICE DE CONNAISSANCE

Connaître ses croyances, celles qui nous bloquent, les travailler.

Confronter sa vision aux faits.

Connaître ses ombres.

Connaître et confronter sa vision de soi-même à celle que notre entourage et les autres ont de nous.

Établir ses valeurs, ses croyances, ses limites.

Se documenter sur des sujets auxquels on ne croit pas, desquels on doute, auxquels on ne s'intéresse pas.

Partir d'un blocage, d'un problème, faire un modèle de Brooke Castillo dessus.

EXERCICE D'AFFIRMATION

Refuser cordialement ce qu'on a l'habitude d'accepter et qui nous dérange.

Booster ses croyances positives en les affirmant de temps en temps à haute voix.

Établir un objectif à court ou moyen terme, effectuer des exercices de visualisation en lien avec l'objectif, réaliser l'objectif, feed-back.

Assumer ouvertement une chose que l'on cache à son entourage.

# Les 12 piliers de vie

Halte à la frustration ! Viens faire le bilan de 12 thèmes qui s'articulent dans la vie de chacun.

La santé physique (la forme, la santé, l'apparence), la santé émotionnelle (moral, émotions, contrôle ou expression), le développement spirituel (nos croyances, notre foi, nos aspirations, nos modèles), la vie amoureuse (relation, célibat, amour pour soi et les autres), vie familiale (proche et éloignée), vie sociale (communication, échange), la carrière (travail, ambition, autosuffisance), la finance (besoins, épargne, dépenses), le temps/organisation (gestion du temps, organisation de son temps), l'apprentissage et le développement personnel (connaissance de soi, du monde), le plaisir personnel (activités, loisirs, détente) et l'action pour le monde (partage, solidarité, bonne action).

SANTÉ PHYSIQUE... /10

Objectifs :

Comment je serai une fois l'objectif réalisé ?

Pourquoi je ne l'ai pas fait plus tôt ?

Quelles sont les possibilités de mesure ?

De quelles ressources ai-je besoin ?

Quelles actions concrètes à mettre en place ?

SANTÉ ÉMOTIONNELLE... /10

Objectifs :

Comment je serai une fois l'objectif réalisé ?

Pourquoi je ne l'ai pas fait plus tôt ?
Quelles sont les possibilités de mesure ?
De quelles ressources ai-je besoin ?
Quelles actions concrètes à mettre en place ?

Mêmes questions pour :
DEV. SPIRITUEL… /10
VIE AMOUREUSE … /10
VIE FAMILIALE… /10
VIE SOCIALE… /10
CARRIÈRE … /10
FINANCES… /10
TEMPS/ORGANISATION… /10
APPRENTISSAGE/DÉVELOPPEMENT PERSONNEL… /10
PLAISIR PERSONNEL… /10
ACTION POUR LE MONDE… /10.

# Ces affirmations qui devraient sonner juste

Voici un petit test d'affirmation. Le but est de lire à haute voix les affirmations suivantes, avec ton prénom, et concentrer ton attention sur les ressentis que cela te procure (sourire franc ou gêné, rire nerveux, tristesse, colère, tension, etc.) Ces ressentis te permettent de te rendre compte de la véracité ou non de l'affirmation. Je m'explique. Si je dis à haute voix « Moi (…), je suis pleinement satisfaite de ma vie de couple », je ressens de l'apaisement, du bonheur et j'esquisse un léger sourire sincère. Si je dis à haute voix « Moi (…) j'aime les gens et les gens m'aiment », ça coince. Je vais ressentir une gêne, une tension vers le plexus et une légère mélancolie. Pourquoi ? Parce que cette affirmation n'est pas vraie pour moi. Je ne suis pas prête à prétendre aimer tout le monde et encore moins à penser que l'on m'aime de manière générale. Pourquoi ? Parce que je n'ai probablement pas guéri toutes mes blessures, parce que des souvenirs viennent me faire penser inévitablement l'inverse.

Ce test peut donc servir d'état des lieux. Libre à toi de faire en sorte que ces affirmations qui coincent deviennent à l'avenir fluides ou non. Personnellement, J'aimerais un jour pouvoir dire la deuxième affirmation avec le même état d'esprit léger que la première.

Voici donc un ensemble d'affirmations, à titre d'exemple. Bien entendu, tu peux te tester de manière plus personnelle en créant tes propres affirmations. Laisse-toi guider par ton instinct, il saura te faire comprendre ce qu'il serait bien de tester aujourd'hui.

À la place de (…) dis tes prénom et nom :

« Moi (…), je suis pleinement satisfait(e) de ma situation amoureuse / de mon célibat »

« Moi (…), je sais me respecter, respecter mes besoins et mes limites »

« Moi (…), je m'offre la possibilité de vivre selon mes valeurs et mes envies »

« Moi (…), je suis satisfait(e) de ma vie »

« Moi (…), j'ai confiance en moi »

« Moi (…), je suis satisfait(e) de mes relations amicales »

« Moi (…), je suis satisfait(e) de mes relations familiales »

« Moi (…), je suis satisfait(e) de mes relations professionnelles »

« Moi (…), je suis ouvert(e) à toutes perspectives d'évolution bénéfique pour moi »

« Moi (…), j'entretiens un lien sain vis-à-vis de l'argent »

« Moi (…), j'entretiens un lien sain vis-à-vis de la nourriture »

« Moi (…), je me sens nourri(e) et comblé(e) »

« Moi (…), je m'autorise à vivre avec plaisir »

« Moi (…), je n'ai pas besoin de souffrir pour pouvoir mériter quelque chose »

« Moi (…), je suis maître de ma vie, j'agis librement et par moi-même »

« Moi (…), je suis heureux(e) de la vie que je mène »

« Moi (…), je m'aime et je me respecte »

« Moi (…), j'aime les gens et les gens m'aiment »

« Moi (…), je sais voir la beauté, la joie et l'amour »

« Moi (…), je m'ouvre facilement au bonheur, à la joie et à l'amour »

« Moi (…), tout ce que je fais est bon pour moi »

« Moi (…), je suis à la bonne place, au bon endroit et au bon moment. »

# Organisation hebdomadaire de la grenouille

Le but est d'apporter de la clarté dans tes journées, et donc, dans tes semaines.

En mettant en lumière tes actions à mener, leurs durées, leurs objectifs, ton organisation sera optimisée. Voici un exemple d'organisation pour tes semaines.

N'hésite pas à l'imprimer, le reproduire à la main ou le personnaliser ! Tu peux noter ça dans un cahier ou un « Bullet journal » qui est une sorte d'agenda déjà organisé.

**Mes « obligations » de la semaine** (ex. : courses, ménage, rendez-vous, jardin…)

**Mes « envies » de la semaine** (ex. : contact avec amis/famille, repas plaisir, balade…)

**Mes « objectifs » de la semaine** (ex. : sport, travail, solidarité, personnel...)

Pour chaque domaine, liste toutes les choses qui s'y rapportent, détermine une date quand c'est obligatoire (rendez-vous, horaires d'ouverture, date butoir…), évalue la durée.

Exemple : « obligations » :

– Courses alimentaires : avant jeudi (frigo vide), durée : environ 1 h.

– Ménage : vaisselle, sol (balai + serp.) : quotidien ou tous les 2 jours, environ 15 min et 10 min, total : 25 min

– Rendez-vous : dentiste samedi 9 h, environ 2 h (allée, stationnement, soin, retour)

Libre à vous de changer le nom des thèmes.

Sinon :

## MA SEMAINE DU / / AU / /

Mes
« OBLIGATIONS » :………………………………………………………………
…………………………
…………………………………………………………………………………………
…………………………………………………………………………………………
…………………………………………………………………………………………
…………………………………………………………………………………………
…………………………………………………………………………………………
……………………………………

Mes
« ENVIES » :………………………………………………………………………
…………………………
…………………………………………………………………………………………
…………………………………………………………………………………………
…………………………………………………………………………………………
…………………………………………………………………………………………
…………………………………………………………………………………………
…………………………………………

Mes
« OBJECTIFS » :……………………………………………………………………
…………………………
…………………………………………………………………………………………
…………………………………………………………………………………………
……………………………………………………… ……………………………………
…………………………………………………………………………………………
…………………………………………………………………………………………
……………………………………………

Maintenant, inscris au jour le jour ce que tu as accompli dans ta journée (ce qui est fait uniquement, pas de prévision, seulement les choses réalisées) dans la ligne correspondante. Le but étant d'avoir réalisé tout le contenu de ta précédente liste dans ton tableau à la fin de la semaine.

Exemple :

| LUNDI | |
|---|---|
| OBJECTIFS TÂCHES | |
| TÂCHES RÉALISÉES | |
| PETITS BONHEUR | |

# Ces personnes ont contribué à ce que je suis aujourd'hui

Je ne remercierai ici personne de mon entourage privé.

Je tiens simplement à partager avec vous les vidéos, livres, expériences, personnes qui m'ont accompagnée durant mes années de développement personnel (pour ne pas dire : qui m'ont aidé à remonter la pente).

YOUTUBE :

**Et tout le monde s'en fout** (une chaîne qui rend moins con, cependant si vous ne supportez pas la condescendance, même humoristique, ça va être compliqué pour vous).

**Partager c'est sympa** « les 10 actions les plus inspirantes » « 5 trucs pour parler à un connard » « 5 trucs pour être heureux » « d'autres manières d'être vivant »

**Max Bird** (autant pour les idées reçues déconstruites que pour l'aspect écologique)

Le reste de mes abonnements est centré sur mes passions, aspirations, objectifs, c'est plus personnel et moins généraliste.

LIVRES :

**L'intelligence émotionnelle intégrale,** Daniel GOLEMAN

**Et tout le monde s'en fout,** aux éditions FIRST

**Miracle Morning,** Hal ELROD

**Foutez-vous la paix,** Fabrice MIDAL

Et bien d'autres plus personnels et centrés sur ma vision du monde que je ne partagerai pas ici.

MUSIQUES :

**Titanium**, de Sia et David Guetta. (le sens des paroles me fait vibrer et me donne la gnaque)

**Never give up**, de Sia (oui j'aime Sia, mais en même temps ses textes sont souvent puissants)

**It's my life**, Bon Jovi

**San** et **Si facile**, Orelsan

PERSONNES :

**Tous ceux qui ont été mes coachs, formateurs, thérapeutes** que je n'ose citer par peur de les déranger

**Mes amis et professionnels** qui m'ont aidée dans ce projet fou.

EXPÉRIENCES :

**Psychologie, hypnothérapie, conférences, formations, coaching, stage…** que d'investissements de temps, d'argent et de « déblayages des parties sombres » qui m'ont chamboulé, percuté, mais surtout grandi.

# Ça te dit le prochain livre on l'écrit ensemble ?

Comme écrit sur la couverture, j'aimerais écrire le prochain livre sur toi.

Sur toi et toutes les autres personnes qui avez pu lire ce livre et vous reconnaître dans l'un de ses chapitres.

J'aimerais récolter tous les retours d'adhésion à ce livre.

J'aimerais avoir des retours de tous les horizons, de tous les milieux, de tous les âges.

De Martine, 40 ans, secrétaire, qui aimerait un monde rempli de Grenouilles parce qu'elle-même, se sent Grenouille.

De Jeanine, 17 ans (peu probable c'est vrai), lycéenne à qui ce livre a permis de résoudre des problèmes et de se sentir plus forte.

De Martin, 32 ans, biologiste qui est plutôt d'accord qu'il faut se magner pour sauver la planète.

De Jean, 21 ans, au sommet de sa gloire qui confirme que la mise en place d'objectifs, la visualisation et repousser sa zone de confort, c'est la base pour réussir.

De Jean-Eudes, 40 ans, psychologue, qui trouve que ce livre est pertinent pour la jeunesse actuelle et tout ce qu'elle vit de nos jours.

De Christine, 14 ans (la pauvre), qui aimerait témoigner sur le bizutage dans son école.

[...]

Bref ! Si tu te sens concerné par cet appel, écris-moi.

Dans ton mail, indique-moi stp :
– Ton prénom ou un pseudonyme

– Ton âge
– Ta profession
– Le ou les chapitres concernés par ton message
– Ton témoignage, ton histoire
– Ton accord pour que ton texte soit publié (nom, prénom, date de naissance, cela restera privé)

Et envoie tout ça à l'adresse :
civilisationdelagrenouille@gmail.com

À très vite !

# Table des matières